中國現代文學名家傳記叢書

錢錫生 陶中霞 著

# 泥土情深——臧克家

欒梅健
張堂錡 策劃

文史哲出版社印行

國家圖書館出版品預行編目資料

泥土情深：臧克家 / 錢錫生,陶中霞著. -- 初版. -- 臺北市：文史哲, 民 93
面: 公分.-- (中國現代文學名家傳記叢書;13)
參考書目：面
ISBN 957-549-544-6 (平裝)

1.臧克家 – 傳記

782.886 93001980

中國現代文學名家傳記叢書
欒梅健 · 張堂錡策劃

泥土情深：臧克家

著 者：錢 錫 生 · 陶 中 霞
出 版 者：文 史 哲 出 版 社
http://www.lapen.com.tw
登記證字號：行政院新聞局版臺業字五三三七號
發 行 人：彭 正 雄
發 行 所：文 史 哲 出 版 社
印 刷 者：文 史 哲 出 版 社
臺北市羅斯福路一段七十二巷四號
郵政劃撥帳號：一六一八〇一七五
電話886-2-23511028 · 傳真886-2-23965656

實價新臺幣三二〇元

中華民國九十三年(2004) 二月初版


ISBN 957-549-544-6

# 書系緣起

張堂錡
欒梅健

早在一九一四年九月二十三日，胡適就在一篇題為〈傳記文學的日記中，提出了現〉代「傳記文學」的概念，後來經過多方研究中外傳記，他認為，傳記是中國文學裏最不發達的一門，因此大力提倡傳記文學的寫作，胡適自己就寫了最早的一部現代自傳《四十自述》，而且還陸續寫作了四十餘部（篇）為他人立傳的作品，傳主包括老子、吳敬梓、張季直、丁文江等。透過胡適、郁達夫、朱東潤等人的理論開拓，不論是自傳或他傳，在五四新文學運動之後開始大量湧現，較為人熟知的就有沈從文的《從文自傳》、郭沫若的《沫若自傳》、謝冰瑩的《女兵自傳》、郁達夫的《達夫自傳》、巴金的《片斷的回憶》，以及聞一多的《杜甫》、吳晗的《朱元璋傳》、朱東潤的《張居正大傳》等。這些作品，使中國現代傳記文學的發展逐步臻於繁榮與成熟。時至今日，傳記文學已是現代文學中不可忽視的重要文類之一，各種思想家、文學家、政治人物、社會名人的自敘、自述、回憶錄、懺悔錄、大傳、小傳等，早已充斥於書肆，流行於市井，有時甚且拜名人效應之賜，成為一時之新聞熱點。如果暫且不論質量，而以數量之可觀來看，胡適當年「最不發達」的感慨，於今看來實已不可同日而語了。

不過，如果撇開往往只有「傳記」而無「文學」的政治、社會名人傳記，而以文學家、思想家為對象的文學傳記其實不能算多，若要進一步談到優秀與上乘的現代文學傳記那可能就令人不盡滿意了。所謂「優秀與上乘」，以胡適的話來說，就是必須做到「紀實寫真」的真實性，「給史家做材料」的史料性，「給文學開出路」的文學性，而且「應該有寫生傳神的大手筆來記載他們的生平，用繡花針的細密工夫來搜求考證他們的事實，用大刀闊斧的遠大識見來評判他們在歷史上的地位」（〈南通張季直先生傳記序〉）；若以郁達夫的觀點來說，則必須「記述一個活潑潑的人的一生，記述他的思想與言行，記述他與時代的關係」，「應當將他外面的起伏事實與內心的變革過程同時抒寫出來，長處短處，公生活與私生活，一顰一笑，一死一生，擇其要者，盡量來寫，才可以見得真，說得像」（〈什麼是傳記文學〉）。要符合以上的標準並不容易，但所有的傳記文學寫作者不妨以此為準繩，筆雖偶不能至，心卻大可嚮往之。

一切的文學都是人學。人，是大地上最動人的風景，也是文學世界裏的中心視野。傳記文學之有趣味，有意義，就在於能將一幅幅動人的生命風景鐫刻於歷史的長廊中；但傳記文學的富挑戰性、困難度，也在於人的複雜、多面、變動與深刻，即使有生花妙筆，都不一定能完全掌握傳主的精神、思想與心靈面貌。很多時候，執筆者本身的生命氣質、思想見解、人生歷練與情感投射，與傳主間的互動、感應與啓發，才是一部傳記文學作品能否得其真、傳其神、見其美的關鍵。因此，一部好的傳記作品，既要能顯現出傳主不凡的思想歷程與生活樣貌，同時也要能表現出執筆者過人的見識與文采，也就是說，一部傳記文學作品所激發、闡釋與揮灑的應是兩個生命的精華，從這個角度而言，閱讀傳記文學實在是「物超所值」、收穫加倍的選擇。當年胡適的大力提倡，今日看來也還是真知灼見。

基於以上的想法，我們在文史哲出版社不計盈虧的支持下，策劃推出了《中國現代文學名家傳記叢書》，自二〇〇一年元月出版《冰心傳》起，陸續出版了郁達夫、曹禺、巴金、朱自清、周作人、錢鍾書、林語堂、梁實秋等多部文學名家的傳記。我們明知市面上已有其他相關的傳記書籍在流通，但本著提倡傳記文學的使命，以及為中國現代文學的研究增添一分力量的理念，我們仍決定在這個系列叢書上持續深耕。令人欣慰的是，叢書陸續出版後，得到了許多讀者與研究者的好評與肯定，而這主要是因為執筆者都是這些文學名家的喜好者與研究者，他們出色的文采與深刻的洞見，使這些傳記煥發出閃耀動人的光華，也使這些傳主的生命在傳記文學裏重新又精彩地活了一回。這些撰稿者中，有的是望重士林的學術前輩，有的是銳氣十足的年輕學者，沒有他們的協助，這套叢書根本不可能問世。為他人作傳本就不易，何況是為現代文學史上熠熠耀人的知名作家寫傳，其間的艱苦就更難與人言了。身為主編，我們真是非常感謝這些參與撰稿工作的前輩們與朋友們。

出版市場的不景氣已是人人皆知，學術書籍的出版有時一波多折，有時胎死腹中，更令寫作者不勝欷歔。寫書容易出書難，出書容易賣書難，解嘲背後其實有著難言的苦辛，而這套叢書何其幸運在兩年內出版了十本，後頭還有多本陸續出版，每思及此，便不能不由衷地對文史哲出版社彭正雄社長的道義心腸、文化襟抱深深感到敬佩。這套書為現代文學開了一扇窗，為兩岸交流搭了一座橋，如果有更多的讀者願意來探窗、渡橋，那就更是美事一樁了。

二〇〇二年歲末

# 泥土情深——臧克家

## 目錄

# 第一章　馬耳山下的少年

一九〇五年十月八日，在山東省膠西的諸城縣臧家村，誕生了一位男孩，他就是日後被譽爲「世紀詩星」的臧克家。

臧家村是膠西一帶極其普通的鄉村，它是一座土嶺，就像是從平原大海裏湧出的一尊小孤島，岸然、倔強地睥睨著周圍莽莽的土地。村裏五六十戶人家，姓名各異，除了臧姓，全是窮得冬不見棉、春不見糧的貧農，生活非常悲慘，臧克家後來在詩中形容他們「窮得上吊找不到一條繩子」。在村邊，有一條「西河」，河水日夜不息地汩汩流淌，夏天時，河裏漲滿了水，那是孩子們垂釣玩耍的樂園。在它的南面，有兩座著名的山峰，一是馬耳山，一是常山。馬耳山因形似馬耳而得名，宋代大文豪蘇軾在擔任密州知府時曾寫下「試掃北台看馬耳，未隨埋沒有雙尖」（《雪後書北台壁二首》）的詩句，村子裏的人一推開家門，就能看到這座形狀奇特的山峰。臧克家後來不止一次地把馬耳山寫進他的詩中，馬耳山是他少年時期的親密伴侶，也是他離開家鄉後回憶故土的念物。

## 一、戀戀童年

臧克家的家族是村裏的大戶，他的曾祖父臧俞臣，是清朝同治年間的舉人，曾任山東聊城縣教諭。他的祖父臧著儀，是清朝光緒年間的舉人，曾任大理院錄事。他的父親臧統基，由於清朝在一九〇五年廢除了科舉制度，沒有趕得上在科舉場上取得功名，但也畢業於濟南政法學堂。臧克家就出身在這樣的書香門第家庭。

家族帶給他的影響，一是在他五六歲時，他的六曾祖父、祖父和父親都參加過辛亥革命，這使他的血管裏從小流淌著的就是熱愛自由 、不畏強權、反對封建的血液。六曾祖父臧濟臣是清朝同治十年辛未科殿試第二甲第九十名進士，殿試後又被點了翰林，榮任過侍讀及湖北提學使等官職。但他卻有一股與生俱來的傲骨和行俠仗義的肝膽。有一年諸城鬧災荒，農民打著「臧」字旗造反搶糧，這件事本來和臧濟臣沒有關係，但他卻被當地的縣令參了一狀，慈禧太后一怒之下，革去了他們一家的全部功名。性情耿直的臧濟臣自然不服氣，辛亥革命發起時，他就和家人剪去了辮子，憑著一時義氣在縣城上插起了革命的大旗。但起義很快被清政府所鎮壓，臧濟臣為了躲避追捕，戴著假辮子，帶著全家老小流亡到偏僻的山村。那時，親朋們對他們唯恐避之不及。臧克家的父親也參加了這次起義，後在淸軍圍城時，他撐著一把雨傘，從城樓上跳下去，結果跌得口吐鮮血，從此臥病不起。幸虧淸朝很快滅亡，臧家才避免了大逆不道、滿門抄斬的厄運。臧克家很小的時候就在家中的破書堆裏發現了家人革命失敗後的流亡日記，他被先輩不屈不撓、反抗強權的精神所感動，同時也將正義的旗子樹立在自己幼小的心田。

另外一個影響是他的祖父、父親都非常喜歡詩歌，他們把詩的氣氛帶給了幼年的臧克家，培植了他對學詩的興趣和愛好。臧克家的祖父雖是個不苟言笑，沈默寡言的人，但他卻非常喜歡吟詠古詩，特別是喜歡白居易的詩。有時，他會放開喉嚨，用熱情洪亮的聲音朗誦白居易的《長恨歌》和《琵琶行》，這時他就像變了一個人似的，表情隨著詩歌內容的變化而變化，熱情隨著感情的投入而豐富。臧克家聽著祖父的朗誦，經常會有一種莫名其妙的感動，他的一顆小小的心被祖父愛詩的熱情燃燒著。祖父不僅自己吟詩，還經常指導臧克家和一位比他年長兩歲的族叔一起讀詩，如「打起黃鶯兒」，「床前明月光」，「少小離家老大回」，「黃河遠上白雲間」等，成爲他最早的詩歌啓蒙老師，當他學著祖父的調子吟誦「自君之出矣，不復理殘機……」的相思詩，或是朗讀「居高聲自遠，非是借秋風……」的詠蟬詩時，他可以把這些詩背得滾瓜爛熟，雖然不是很明白其中的意思，卻能夠感覺並喜歡那抑揚頓挫的音調和節奏。祖父自己也能寫詩，有一次，十多歲的臧克家愛上了一個鄉村姑娘，爲此痛苦得死去活來，祖父知道了這件事，但他卻不點破它，而是從抽屜裏拿出自己寫的一首詩遞給臧克家，上面寫著這樣的詩句：「青蠶棲綠葉，起眠總相宜，一任情絲吐，卻忘自縛時！」他用自己人生體驗寫就的詩歌告誡陷入情網的孫兒。祖父還寫著一手好字，並喜歡在每年春節臨近的時候寫春聯，這時臧克家就邊幫著祖父按紙，邊看著祖父寫字。這些門聯都是古人的詩詞佳句，如「花似解語誠多事，石不能言最可人」，「水能澹性爲吾友，竹解虛心是我師」，「萬卷藏書宜子弟，十年樹木長風煙」等，這些都潛移默化地薰陶著他對詩歌的興趣，成爲他日後走上詩歌創作道路的最早的根芽。

臧克家的父親臧統基是個情感熱烈、多愁善感的人，他對每個人都是親切善良，別人不論關係親疏也都對他很好。他的氣質帶有一點神經質，天生和詩接近，年輕時愛好詩歌，經常寫詩，還喜歡結交女朋友，拋灑熱情，沈醉於愛情中，但他的感情和他的身軀一樣地纖弱。當他參加起義失敗後，不幸受了重傷，後又染上肺病，只能一年四季躺在不透風絲的病房的炕上，連轉身的力量也沒有。即便如此，他還繼續讀詩、寫詩，並給自己起了一個風雅的名字：紅榴花館主人，和他的起名爲雙清居士的族弟結成詩社，兩人天天在一起，沈溺在詩歌創作中。當他用顫抖的聲音吟誦自己和族弟唱和的詩句時，有時詩還沒讀完，蒼白的臉上就泛起紅色，一陣強烈的咳嗽後，一道道血絲就從口中吐出。臧統基和族弟不但相互觀摩切磋、讀詩寫詩，還敢於和另一個村莊一門三進士的尹家子弟賽詩。臧克家小時候常常能聽到他父親吟誦自己詩歌時那顫抖的聲音和略帶傷感的調子，這些詩歌抒發了他父親對人生和世界的認識，後來還曾編成一本詩集《霜光劍影》，雖然沒有出版，但父親以詩爲生命的思想、感情和性格卻深深地影響了臧克家，臧克家後來回憶說：

我，就是父親的一幀小型的肖像。我是他生命的枯枝上開出來的一朵花。他給了我一個詩的生命。那時節，我還不夠瞭解詩，但環境裏的詩的氣氛卻鼓蕩了我蒙昧的心。

——《我的詩生活》

除了祖父、父親之外，庶祖母也是培養臧克家文學興趣的啓蒙老師。她是本村貧苦人家的一個女兒，二十歲左右來到臧家，由臧克家的祖父教她認字。她非常聰明，是一個多才巧嘴的人，雖然沒有受過教育，但卻富於文藝天才，非常擅長講故事。臧克家八歲時就沒有了母親，而庶祖母就像是他的保姆，陪他玩，陪他睡，有時給他講《聊齋志異》、《水滸傳》、《封神榜》等古典小說一類的故事，有時也講一些民間的故事，如仙女與凡人戀愛的故事，後者往往都是悲慘的結局，常常引發他的傷感和眼淚。他有一次偷偷地從曾祖父的枕頭底下的錢包裏，掏了一張一吊錢的紙幣，央求別人進城時買了一部有插圖的石印本《西遊記》，從此就老是拿著這本書請庶祖母給他講其中的故事。庶祖母雖然識字不多，但也能磕磕碰碰地把書上的字念下來，她給他講花果山和水簾洞，孫悟空大鬧天宮，一個跟頭十萬八千里，使臧克家對孫悟空羨慕得不得了。庶祖母給他講的一個《封神榜》中的故事也給他留下了深刻的印象，那是「李太白醉草回蠻書」，講回蠻國來了一封書信，但沒有人能認識其中的文字，更不要說寫回信了。唐明皇把李白請來，李白當時已喝得醉醺醺了，但他拿起信來粗略一看，就提筆一口氣就寫好了回信，然後揚長而去……。這是臧克家第一次聽說李白，在沒有讀過李白詩歌之前，他就被李白的才華所傾倒了。

把詩的苗子插在臧克家幼小的心田的還有幾個農民，特別是六機匠和老哥哥。

六機匠名叫王善，他在兄弟六人中排行第六，又擅長織布，故以外號名。他是臧家的遠房親戚，也是臧家的佃農，光棍一條，住的小土屋可謂家徒四壁，除了一張織布機和一把鋤外什麼都沒有，他沒有自己的土地，種的是別人的田。但他天性樂觀，雖然大字不識一個，卻在門板上貼著「勤儉黃金本，詩書丹桂根」的門聯，門楣上掛著四個字「吉人天相」。他喜歡說笑話講故事，繪聲繪色、活靈活現地把生活中的各種素材變成好聽的故事，因此各式各樣的人都願意到他的屋子裏去。臧克家更是把他的住處當成了自己的家，沒事就往那裏跑，聽六機匠把一個個故事的情節，出奇翻新、添枝加葉地往外倒。有時，六機匠把趕集時從說大鼓的口裏聽來的故事眉飛色舞地描繪出來，他可以讓一個金鏢投到半空去，說了半個月不叫它落下來，叫聽的人留一個想頭，心裏一直念著它。在說這些故事的時候，他往往用韻語和腔調唱出來並伴同著熱情的表演姿勢和神態。有時他一面腳踏機板，手拋著梭子，一面口說著故事，這時就用眼神來增加故事的魅力。臧克家入迷地聽著，像被磁石吸住一樣，每天都泡在六機匠的家裏，完全被引領進了一個藝術一般的世界中。後來抗戰時期，臧克家寫了以《六機匠》爲題的一首長詩，以表達自己真摯的懷念。

老哥哥是臧克家家裏姓李的老長工，他在臧家待了五十多年，陪伴過臧家的曾祖、祖父、父親和臧克家等四代人，但在他風燭殘年的時候，卻被無情地踢出臧家。臧克家小的時候，老哥哥就很老了，耳朵聾，記憶力差，地裏的活也已經不能幹了，只能餵驢、掃地、趕集。他講故事雖然沒六機匠講得好，但爲人十分和善，經常陪臧克家一起玩。有時在冬天小耳房的熱炕頭上，他給臧克家講長毛造反的故事，雖然小屋子裏煤煙衝鼻，但讓人覺得溫馨一團；有時在清明上墳時的路上，他給跟在身後的臧克家講臧家在「翰林院」的榮華富貴的家史，講他當初一起參加樹立家門前高高的旗杆，這時他臉上呈現出一片得意之色。臧克家對老哥哥的感情一直很深，在成年後寫過回憶老哥哥的多篇散文和詩歌。

## 二、自然之子

臧克家的童年生活充滿了樂趣，在八九歲入私塾之前，他雖然還沒有開始讀書，卻就已經親眼看到、感覺到許多書本上讀不到的東西。故鄉雖然貧瘠，但這些對孩子來說似乎感覺不到，他和一批同齡的孩子在一起遊玩，一望無邊的大自然隨著季節而變化的美麗風景不斷陶冶著他的心靈。

春天，萬物甦醒，柳條綠了，燕子來了，翻起的泥土噴放出沁人心肺的新香，桃花開在澗水兩旁，農夫們扛著鋤，牽著牛，在濕潤的土地上耕種。臧克家和小夥伴們放著自己紮的風箏，在田野裏進行比賽，大家開心地叫喊，看誰的風箏放得更高、更遠。有時，他們一起走許多路，用自己編織的線網去叢林裏捕捉路過的候鳥，肚子餓了，就順手從菜地裏拔一棵大蔥放在嘴裏咀嚼，雖然辣得大家直流眼淚。

夏天，村邊的綠樹、地裏的高粱把大地綠成一片，只聽見人的歌聲，卻看不到人的身子。有時一場突然而來的暴雨過後，池塘水滿，蛙聲四起，臧克家和小夥伴們一會爬上高樹，掏雛鳥、捉鳴蟬；一會跳進河裏打水仗。特別是在晚上，大家一起聚集到場園上，席地而坐，熱鬧地說笑，隨意地嬉鬧，大人們有時會故意說一些恐怖的故事，小孩子則嚇得閉上眼睛，拼命地抓緊大人的衣角。臧克家後來在一首題爲《場園上的夏晚》詩中這樣寫道：

我永遠忘不了童年時代的夏晚，
夏晚鄉村裏那戀人的場園。
……
推開飯碗，擦一把臭汗，
大人孩子提一領蓑衣跑去了場園。
場園上沒有不快的牆垣，
風從禾稼聲中吹來，全無遮攔，
像四面的清流洩下了山岩。
各人揀好一塊地方，
坐臥那全憑自己的心願；
先來後到的一陣亂打招呼，
從腳步上認，全用不到看臉。
……
夜在場園上飛，人卻不知覺，
不知覺地淡盡了天上的星月，

陽光鑽開了隔夜的眼睛，
爬起來，只覺得一身露重。

秋天，是農民最忙也最開心的時候，田野裏從早到晚人影不息，人聲、車聲、牲畜聲匯成一首交響曲。當糧食收割後，大地就格外地空曠，這時臧克家和小夥伴們就把田野當成戰場，列開陣勢，拋擲泥塊，看誰能投擲的更遠；有時他們屏住呼吸，在斜坡地裏翻磚揭瓦，順著聲音去抓蟋蟀、掘田鼠、捕螞蚱。

冬天，儘管北風呼嘯、天寒地凍，臧克家和他的小夥伴們也不閒著，他們有時加入打獵的人群，一口氣走好多路，看雄鷹逐狡兔、獵犬逮野物；有時比賽用高粱秸稈紮成的風車，在寒風中跑得滿頭大汗。

多年後，臧克家還再三在詩中描寫自己的鄉村：

我是生長在農村裏的，
我是野孩子隊裏的一個，
鄉井溺愛了我，
也寵壞了我，
它給我劃定了方圓十里，

我一直沉溺了十六個年頭，
在這個狹小而又無限寬闊的天地裏。
——《生命的秋天》

在臧克家的小夥伴中，和他關係最好的有兩人，一個是大機匠的兒子，一個是四機匠的兒子。他們幾家住得很近，雖然臧家住的是四合院，大機匠兄弟住的是小草房，但孩子們沒有階級之分，他們依然親如手足。也正是這一段鄉村生活，使臧克家很早認識了人間的愁苦和不平，村民們悲痛酸苦的生活，長久地留在了臧克家的心頭。他後來在《自己的寫照》一詩中寫道：

窮鄉的景象我告訴你，那我全懂，
因爲我的身子原就在這裏面紮根。
我知道一匹布得用多少線縷，
得熬多少燈昏的五更，
鐵梭磨硬了人的手掌，
連眼睛，連雙腳，連心，一齊隨著它跳動。
冬天裏，一條單褲灌飽了風，

像挑起一個不亮的燈籠，
說來或者你不見信，
穿布的卻不是織布的人！
……
我看得真多呢，我看見生活的圈子
在每個窮人的頸上縮小，
「人生不是一條坦蕩的大路」，
從此我的臉蒙上了嚴肅！

童年的臧克家既享受到了自然帶給他的歡娛，也初步經歷了人世間的一系列磨難。大約是六歲時，他的家族主要成員因爲參與了農民革命起義，而遭到了清政府的通緝追捕。全家人只好四處逃難，年幼的臧克家也跟著母親到山村避難。幸虧不久後的辛亥革命推翻了清政府的統治，不然他們這個家族很難再有翻身的日子。

臧克家八歲的那一年，他的母親因病去世。臧克家的母親姓劉，是個性情溫和、內心善良的人，但因爲家庭遭難受到的驚嚇，加上臧克家的父親在外面拈花惹草，更是讓她氣惱。別人常當著她面，指著臧克家身上穿的時式花衣，取笑說這是外面的哪個女人給做來的一身新衣。受了打擊的母親又驚又氣，很快一病不起，離開了人世。年幼喪母，這對臧克家來講，是生活中的第一個沉重打擊。

## 三、發蒙讀書

臧克家在九歲的時候，開始讀私塾，受教於本村同族祖、年近七十的老秀才臧子文。同學只有一人，這便是和臧克家同齡的名繁采字受田的族叔。雖然只是兩個學生，老師臧子文卻是很規矩的儒教徒，每當開學，他必定在教室的正面牆上寫一個紅紙條，上書「大成至聖先師孔子神位」，他開講的第一部書就是《論語》。

臧子文家裏很窮，但他卻能自得其樂，爲人也很風趣，喜歡喝口小酒，作些小詩。他寫的詩如「最愛南山賣酒家，淡雲冷月自清華，莫道春光無消息，盆梅已著四五花」，「問君何愛醉，別自有乾坤」等也具有一定的詩味。但他卻又是個可笑的怪人，特別封建，遵循著「非禮勿視，非禮勿聽」的教誨，最怕見到女人，即使是見自己的兒媳、孫媳一輩，他也用衣袖掩起面來。村裏的大娘嬸子爲了作弄他，見他到來，故意迎面走上去喊著「大爺好」，和他打招呼，但喊聲越高，他跑得越快。而且跑起來右手一甩一甩的，別人就給他起了個外號「大甩」。他還怕聽到打雷聲，每到下雨打雷，他就臉色都刷地一下變了，馬上緊捂耳朵，提前給孩子們放學，自己快步跑回家了。

臧克家管臧子文叫大爺爺，跟著他讀了二三年書，用的本子是《古文釋義》，從中熟背了許多古文，長的如《滕王閣序》、《李陵答蘇武書》，短的如《陋室銘》、《讀孟嘗君傳》、《記承天寺夜遊》等大約六十多篇。大爺爺教這些文章的時候，雖然是有腔有調，搖頭晃腦，好似唱歌一般，但對孩子來說，文章的意思一點都不好懂，內容如同隔山，只是覺得聲調好聽。臧克家當時運用勤學多念的辦法死記硬背，有時爲了背誦，還想了一些竅門，如把「如此良夜何」讀成「如四兩夜壺」等，夜壺是當地土話小便壺的意思。這些發蒙文章，卻在日後對臧克家走上文學道路，也產生了潛移默化的影響。

一九一七年，臧克家十二歲的時候，他的六曾祖父臧濟臣在村裏辦了一所小學，取名「臧氏私立養正國民初級小學校」。臧克家就被轉入這所學校讀書，因爲他讀過幾年舊書，所以一入校，就插入二年級乙班。六曾祖父是臧家科場上最得意的人，從秀才到翰林，最後做過「提學使」。民國以後，他閒住在家，因爲當初是從家境貧困中過來的，他也特別同情農民，就辦了這所學校。校址就設在他的客房裏，這是一排平房，一共有五間，當中三間做教室，原有隔牆，後來拆了，東面一間是教師休息室，西面一間是書房，書房裏面堆滿了書，但終年關著。客房外是個獨院，種著各種樹木花卉，右窗前有一株玉蘭，白花開過，地上落滿花瓣。玉蘭樹下，還種著很多牡丹。東窗外有一棵大梧桐樹，樹高百尺，枝葉繁茂，下面種著一片芍藥。院子的東南角是一個小池塘，邊上綠竹叢生。南牆之外，還生長著一棵高大的古槐，夏日蟬鳴不已。臧克家在這樣優雅的環境中，又讀了二年書。

這所學校當時招了四五十個學生，分成甲、乙、丙三個班，既有本村的，也招收鄰村的。學校還招收女生，實行男女同班，這對在當時閉塞的鄉村來說，也是一件新鮮的事情。學校老師只有一位，名叫孫夢星，他是清末秀才，科舉制度廢除後，他爲了取得做小學老師的資格，不顧年事已高和被別人笑話，投考本縣的簡易師範，從一個舊儒生搖身一變而爲新教員。他家住在離臧家村二三里遠的黑龍溝，他每天早出晚歸，風雨無阻。早上來時帶點乾糧，中午就著一點鹹菜，就算是一頓午餐。對這種生活他並不以之爲苦，而是樂在其中。雖然當時已有六十多歲，他的思想卻很開明，而且比較愛國，給臧克家和他的同學留下了深刻的影響。

孫老師自己五音不全，但照樣神情嚴肅地教學生唱歌。他拉著粗嗓門教大家唱「小小船，小小船，大家努力齊努力，划過前船爭第一」，「螢火蟲，夜夜紅，飛到西來飛到東，快快飛到我這裏，給我做盞小燈籠」，儘管聲音並不好聽，但卻極其認真，有很強的感染力。他教書最拿手的是國文，每次出題讓學生作文，他都要言傳身教，自己寫一篇範文，並把他認爲的佳句用筆圈點。在一篇《重陽登高記》的範文中他寫下了這樣的佳句：

峰回路轉，行行且住爲佳。攀葛附藤，步步引人入勝。紅葉煮酒，石上題詩……

他既教學生如何作文，更教學生如何做人，不僅結合課文給孩子們講「司馬光擊缸救兒」，「孔融四歲讓梨」等歷史故事，更結合時政，用他那激昂悲壯的聲音講當時喪權辱國的和約給山東人民帶來的切膚之痛，因爲那時青島和膠濟鐵路被日本人佔據著。他還據此評論一番：我們堂堂大中華，有幾千年的光榮歷史，竟被小小日本這樣欺壓。而當局又一味忍讓，弄得國亡無日，四萬萬黃帝的子孫，全將變成亡國奴了！我們要外抗強權，內除國賊……。說得學生們都哭了起來，在他們幼小的心田撒下仇恨帝國主義的種子。

一九一九年，轟轟烈烈的五四運動開始了。臧克家時年十四歲，他從初級小學畢業，暑假後考入諸城第一高等小學。他第一次離開了生活了十四年的臧家村，開始走向廣闊的人生。

# 第二章　青春學子

## 一、超然台下

臧克家來到諸城後，因爲離家有十幾里路，所以只好住在城裏。在諸城的第一年，他和同村的受田叔叔借住在同姓本家的「謙益堂」，這是個有很大院子的老房子，裏面種植了許多花木，非常幽靜，離學校也比較近。臧克家稱房子的女主人爲「二大娘」，「二大娘」雖是舊式婦女，但思想開明，性格樂觀，也喜歡說說笑笑，非常健談。她對從鄉下來的本家後輩慈愛有加，經常噓寒問暖，並不時燒製家鄉風味的飯菜款待他們，使第一次出門在外的臧克家感到十分安慰，減少了思家的情緒。

住了一年左右，他們才搬進了第一高等小學。這所學校的校址原是清朝的考場，地方很寬敞，其中校舍有五排，每排有五間房子，學校年級不用數字來區分，而是用「進、修、崇、實、學」五個字號來區別，一年級爲「進」字號，以此遞增。學校裏設有伙房，學生們可根據自己的家庭經濟實力點菜吃飯。祖父對臧克家在經濟上克扣得很緊，臧克家每周回家一次，祖父只給一吊二百錢，折算下來，每天只能在伙食費上花十個銅板。

這所學校的校長是從鄰縣來的許仲謨，他辦學很認真，很盡職。請的老師除了國文老師以外大都很年輕，思想比較活躍，態度比較誠懇。臧克家學習十分認真，一入學，就把英文的八種詞類背得滾瓜爛熟，特別對國文課的興致較高。教過臧克家國文課的老師有兩位，都姓王，也都是老秀才。一位是王少韓先生，這位先生雖然學的是舊學，卻毫無腐儒氣，但給人不拘小節、落魄潦倒之感；另一位是王貫一先生，他大約五十來歲，容貌淸瘦，留著兩撮鬍子，家住學校邊上，但沒課時卻並不回家，而是在大教室後院的一間平房裏備課、改作文。貫一老師教書很認真，也很嚴厲，有時生了氣，會捋著鬍鬚滿面慍色地叫道：「我是老教育家」。因此，同學們既欣賞他又有點怕他，背後稱他爲「老顴巢」，因爲課文中有這樣一句話「樹上有老顴巢焉」，貫顴同音，所以學生們在背後給王老師起了這樣一個外號。

國文課上用的教材，全是古文和古典詩詞，比較淺顯但富於教育意義，如白居易的詩《觀刈麥》和《凌霄花》等，前者講農民在酷熱的夏天的勞碌和拾遺穗的婦女的痛苦，臧克家從小生長在農村，對這種「足蒸暑土氣，背灼炎天光，力盡不知熱，但惜夏日長」的生活十分熟悉和理解；後者講「有木名凌霄，擢秀非孤標，偶依一株樹，遂抽百尺條」的凌霄花，諷喻「寄言立身者，勿學柔弱苗」，立意發人深思。臧克家都能把這些詩文一字不差地背誦下來。除了課文學習外，老師還特別注重對學生寫作能力的培養。每次上作文課時，老師並不急著發作文本下來，而是把它摞在一起放在講臺上，這些文章每篇都批滿了密密麻麻的評語，有的地方打了很多圈，按照好壞次序先後排列，排在第一的文章，由老師當堂搖頭晃腦地宣讀。同學們都很在意名次排位，事先在自己的作文本上用濃墨打了記號，伸長脖子遙看自己的作文本排位的前後。

臧克家儘管上過私塾和學堂，也背誦了不少的古詩文，作文在班上卻只是位於中流，沒有得過第一名，班上文章寫得好的大有人在。他只在一篇題名《放鳥》的作文中，因爲形容鳥飛出籠子的神情「一聲長鳴，似樂似悲」的兩句話，得了老師的雙圈。當時學校很重視作文教學，專門用石印本彙錄了題名《觀摩錄》的同學的優秀作文，其中既有論說文，也有寫景抒情的小品文，在一些好的句子下，還濃圈密點，讓人羨慕不已。

王貫一先生對提高同學們的作文水平起了很大的作用，但他也得到了另一個人的幫助，那就是他以前的老師、人稱「衆傭」的一位老舉人。原來，王老師因教學太忙，把大部分學生的作文送到「衆傭」那兒，請他批改，「衆傭」批得特別認真，字跡也娟秀可愛。恰好「衆傭」是臧克家祖母的哥哥，臧克家管他叫「二舅爺爺」。有著這一層親屬關係，臧克家也就時常去看望「二舅爺爺」，直接面受他的教育。「二舅爺爺」當時已七十開外，長得很清瘦，留著鬍鬚，頗有仙風道骨，談吐也很風趣，雖然是老舉人，頭腦卻並不冬烘，上下古今，似乎無所不學、無所不通。他給自己起了「衆傭」的別號，就是公僕的意思，意即願意爲大家服務。他當時在城內大戶人家之一的「硯香堂」裏教著一位十二三歲的獨生子。

「硯香堂」離臧克家的學校不足半里，是個建築高大的房子，庭院裏花木繁多，有兩株柿子樹，有成排的金魚缸，房子的正廳上高懸著高密縣名士單爲廉題寫的「雙柿軒」三個大字，邊上有個虹門，藏著一個別有洞天的小內院，虹門兩旁掛著何紹基的一對木聯：「春風放膽來梳柳，夜雨瞞人去潤花」。臧克家放學後有空，就到「硯香堂」去，聽「二舅爺爺」談學問、談做人。有時晚上一輪皓月當空，一老一少倆人月下對影，「二舅爺爺」會仰望星空，天真地發出癡問：「我想了多年，總是解不開，什麼是宇宙之始，何時是宇宙之終呵？」有時他在月下徘徊，捋著鬍鬚，吟詠著詩句：「蝶來風有致，人去月無聊」。「二舅爺爺」的言談舉止和言傳身教對臧克家在做人和作文方面產生了不少的影響。

這時期對臧克家有重要影響的還有一人，就是宋代文豪蘇軾。諸城古稱密州，是蘇軾做過地方官的地方。千年以前，蘇軾也曾對著一輪明月發出無邊的慨歎：「明月幾時有，把酒問青天，不知天上宮闕，今夕是何年？」（《水調歌頭．丙辰中秋，歡飲達旦，大醉，作此篇，兼懷子由》）原來這種與生俱來的人生困惑，是古今一脈相承的呀，這真是事隔千載，人隔生死，精神上卻息息相通。臧克家儘管當時還不能思考這樣深邃的哲學問題，但因爲留下蘇軾遺蹟的超然台是他常去登臨的一個地方，蘇軾的詩文又是他從小就熟讀背誦的，這時候蘇軾在他的心目中的形象格外親切。蘇軾原來在風和日麗、五穀豐登的杭州做官，一紙調令把他調到了密州，這裏當時蝗災旱災不斷、盜賊四起、流殍遍地。但蘇軾到了這裏卻能「無所往而不樂」，在此寫下了《超然台記》的著名散文，文中寫道：

余自錢塘移守膠西，釋舟楫之安，而服車馬之勞，去雕牆之美，而庇采椽之居；背湖山之觀，而行桑麻之野。始至之日，歲比不登，盜賊滿野，獄訟充斥，而備廚索然，日食杞菊，人固疑余之不樂也。處之期年，而貌加豐，髮之白者，日以反黑。余既樂其風俗之淳，而其吏民亦安予之拙也。於是治其園圃，潔其庭宇，伐安丘、高密之木，以修補破敗，爲苟全之計。而園之北，因城以爲台者舊矣，稍葺而新之，時相與登覽，放意肆志焉，南望馬耳，常山，出沒隱見，若近若遠，庶幾有隱君子乎？而其東則盧山，秦人盧敖之所遁也。西望穆陵，隱然如城廓，師尚父，齊桓公之遺烈，猶有存者。北俯濰水，慨然太息，思淮陰之功，而吊其不終。台高而安，深而明，夏涼而冬溫。雨雪之朝，風雨之夕，余未嘗不在，客未嘗不從。擷園蔬，取池魚，釀秫酒，瀹脫粟而食之。曰：樂哉遊乎？

蘇軾在文章中把敍事、寫景、說理揉合在一起，以他胸中的感情聯想爲主，信筆寫來，引發出一個具有普遍意義的人生哲理：無所往而不樂者，蓋遊於物之外也，意即做人要達觀處世、超然物外。密州時期可以說是蘇軾文學創作的第一個高峰，在這裏，他不僅寫了《超然台記》的散文，更寫了前面提到的膾炙人口的中秋詞和《江城子．密州出獵》等最早的豪放詞的代表作，從而在詞壇上樹立起「雖無柳七郎風味，亦自是一家」的旗幟。臧克家每當來到留下蘇軾遺蹤和遺愛的超然台下，瞻仰著蘇軾的泥塑遺像，目睹著蘇軾手書的題名石刻，就不禁追慕著蘇軾的文采風流，想像著自己也要像蘇軾一樣，做一個大詩人，寫出能流芳百世的佳作。

一九一九年在北京發生的五四運動，是民國以來學生運動的第一聲，也是震驚全國、傳遍世界的青年群體的覺悟行動。臧克家的諸城老鄉和後來的師友王統照親身參與了這一運動的全過程，並詳細撰文真實地再現了當年的情景。這場運動也波及到了山東諸城，當時北京的學生會曾派諸城的一位大學生丘紀明回縣，講述北京示威學生火燒趙家樓、痛打賣國賊的正義行動，鼓動宣傳「五四運動」對山東的特別意義，因爲在當年一月十八日召開的巴黎和會上，英、法等國代表不顧中國人民的感情，將德國在山東的一切特權全部轉讓給日本，並把它寫入和約草案。臧克家和他的同學們聽了丘紀明激情慷慨的演講以後，群情激昂，有的同學還咬破手指，書寫血書，大家很快採取行動，組織了「反日會」，打著小旗到街頭宣傳，成立小隊去商店檢查，抵制日貨、打擊奸商，開展了轟轟烈烈的反日運動。由於受到新思潮的影響，臧克家的眼界和心胸，都開拓了不少。

在諸城讀書期間，臧克家熱情和脆弱的父親在多年臥病後病逝了，這對時年僅十六歲的臧克家來說，是一個沉重的打擊，爲此，他在家休學了一年。

一九二三年，臧克家十八歲，他從諸城第一高等小學畢業。諸城的天地對他來說太小了，他要到更廣闊的地方去，他的人生要向著更高的目標發展。

## 二、新舊對峙

「五四」以後，一股清新的空氣吹遍全國，古老的中國變得空前活躍。那個時代，年青人都充滿著強烈的求知欲望，臧克家也不例外。一九二三年夏天，臧克家和私塾、小學一直是同窗、同班的受田叔叔坐著膠濟線上的火車到濟南去，報考山東省立第一師範。因爲是第一次離家遠行，他一上火車就把車票給弄丟了，搞得十分狼狽。幸虧到了濟南，受田的哥哥、他的八叔特地從武昌趕來，照料這兩位還不會料理自己生活的小夥子。

省立第一師範是官費辦學，吃飯不要錢，培養的是小學師資，分前期師範和後期師範，學制各三年，讀完前期才能再讀後期。但那年它的招生名額不多，只有四十人，而從山東各地前來報考的學生卻有八百多人。臧克家和臧受田參加了由省立第一中學專爲各地來省會投考學生辦的「暑期補習班」，在激烈的競爭後，臧克家如願以償地考上了這所學校，名列第十九，臧受田考了備取第四名。

當時這個學校的校長是王祝晨先生，他早出晚歸，對工作非常投入，象一隻牛一樣不知疲倦，別人因此給他起了個外號叫「王大牛」。王校長說話很慢、聲音低微，對學生不擺架子，讓人感到可親可愛。有一次，學校舉行娛樂大會，同學們見他身體非常肥胖，故意要求他表演一個節目，他竟然答應，擺出跳舞的姿態，一面跳，一面說：「百獸率舞，獨無牛乎？」引得大家哄堂大笑。他是個開明進步的教育家，就象蔡元培辦北京大學一樣，對學校採取了相容開放、新舊並蓄的辦學方針。他請來的老師，大都是北大、清華、師大出身，而且思想進步，使這所學校成了山東新思想的發源地。不僅如此，他還請了不少名人到學校演講，如杜威博士、周作人等，又請了新文學家楊晦、作家王森然到學校講課，以此啓迪學生的心智、開拓大家的眼界。

學校的老師大都很嚴肅認真，富有真才實學。給臧克家上課的老師有好多位，國文老師有研究墨子、莊子的專家張墨生先生，他朗讀莊子的文章《齊物論》「野馬也，塵埃也，生物之以息相吹也」聲音悅耳動聽；有張乾一先生，他上的第一堂課，講的是《五人墓碑記》，他講話有點遲鈍，但講到反抗閹宦，卻不乏慷慨；有剛從北大畢業的張永善先生，他走上講壇，還帶點怯意；給臧克家印象較深的是時霽雲先生，他個頭較矮，穿著布鞋布襪，顯得有點土氣，是個「理學派」。但講課卻講得津津有味，他給同學們講六祖慧能的故事，慧能本是大字不識一個的樵夫，只因請人書了一個偈子：「身非菩提樹，心非明鏡台，本來無一物，何處著塵埃」，五祖弘忍認爲他的偈語直指本性，可頓悟成佛，便私下把衣缽傳授給了他。時先生還教同學如何「打坐」、燒香，認爲這樣可以入道，他告訴學生：「陸九淵內心修養功夫極深，這一點不容易做到」，結果有的同學聽了就故意唱反調說：這一點我們一定能做到。歷史老師有丁毓西先生，他備課十分認真，講課時經常把講稿高舉齊眉，因爲他把密密麻麻的參考材料寫在講稿的上面，隨時可以念出來；還有一位歷史老師給自己起名爲「馬克先」，爲了這個名字，他屢受迫害，但堅持不改。美術老師有善畫牡丹的周愛南先生，有畫虎名家吳天樨先生，他們都是當時山東省著名的畫家。英語老師孫浙清說話斯文柔和，講課時很有感情，帶著哲理，還有一絲憂鬱，有一次他放低聲音說道：「人生不就是一掠而過的影子嗎?」臧克家被他感傷的情調深深打動。

當時學校裏組織了書報介紹社，這是一個只有兩間房子的小地方，卻像一座文化寶庫，裏面的案頭上擺放著各種政治、經濟、文藝的書籍雜誌。學生們幾乎什麼樣的新書和新雜誌都能看到，有《創造月刊》、《創造季刊》、《創造日》、《洪水》、《語絲》、《北新》、《莽原》、《淺草》、《沈鐘》等，甚至還有《共產黨宣言》、《政治經濟學大綱》等馬列書籍和《三民主義》等書，這些書刊有從上海、北平來的，還有從其他一些地方來的。臧克家班上有四十來位同學，同學中有鄧廣銘、李廣田、李長之等人，他們在學校如魚得水，如入寶山，拚命地吸收著新文化。這些書報雜誌，他們不僅自己閱讀，還拿到社會上散發宣傳，使一師成為革命活動頻繁、新文藝空氣濃厚的學校。鄧廣銘是書報介紹社的負責人之一，課餘之暇，他打開那間書庫，便成了售書員了，鄧廣銘做事仔細，走起路來，總是輕移腳步、不慌不忙的樣子，他後來成為國內著名的歷史學家；李廣田同學也熱心於書報社的工作，他為人純厚，做事有板有眼，穿得雖不入時，帶著濃厚的鄉土氣息，但功課非常好，他後來成為著名的新文學作家；李長之後來也成為著名的文學史家。他們和臧克家一直保持著朋友的關係。

濟南第一師範學校校址原是都司衙門，後來成為濼源書院，在城內繁華大街。同學們吃過午飯，會三三兩兩地走上街頭，看看校外的人群。他們胸前都掛著一個校徽，這是一個木鐸，形狀像一個小饃饃，取《論語．八佾》中「天將以夫子爲木鐸」之意。老百姓認爲一師的學生吃飯不要錢，就乾脆把他們稱做「饃饃囤子」，見到他們就說是「亮肚子的來了」，以爲他們肚子裏裝的都是「官饃饃」，卻不知他們肚子裏還裝著新思想和新文化。

但這種自由的空氣卻沒能存在多久，很快，整個北方就淪入軍閥的控制之下，濟南，是奉系軍閥張宗昌的勢力範圍。張宗昌，人稱狗肉將軍，他是山東掖縣人，野蠻而兇殘，姨太太有幾十個，名字實在記不過來，就乾脆編成號碼。他在直奉大戰中發家後，控制了山東，在山東橫施暴虐，濫殺無辜。當時山東新文化、新思潮已經蓬勃開展，濟南早在一九二一年就成立了「共產主義小組」，成員中的王盡美也是一師的畢業生。孫中山召開國民黨第一次全國代表大會後，濟南也有革命黨的組織活動。「五卅」慘案發生，濟南學生舉行遊行示威，隊伍浩浩蕩蕩，臧克家也參加了這一規模宏大的活動。但張宗昌統治山東後，實行武力鎮壓、文化腐蝕雙管齊下的政策，當時濟南街頭天天可以看到抱著「張」字「大令」的巡邏隊，皮鞋蹬蹬作響，刀光閃閃發亮。有時一隊隊士兵騎著高頭大馬，提著長槍馬刀旁若無人地在大街上馳騁，老百姓只能奪路而走。張宗昌動輒實行戒嚴，禍國殃民，把整個山東搞得陰森可怖，人們對他恨之入骨，臧克家後來在詩歌《自己的寫照》中，用「冷的刀光直想個熱的人頭」形容這種恐怖氣氛。

在文的方面，張宗昌大搞尊孔讀經的一套。他雖然是個大老粗，卻喜歡附庸風雅，請了一個前清的狀元王壽朋坐鎮教育廳，自己兼任了大學校長，刻了十三經，下命令嚴格規定各大中小學學生一律「讀經」。這樣在濟南就形成了一個奇異的現象，一方面五四運動後，新思想和新思潮深入人心，另一方面舊遺老舊學究仗著軍閥的後臺紛紜出籠，他們彈冠相慶、推波助瀾，在山東掀起了一個似乎轟轟烈烈的復古讀經運動，以此來禁錮人們的思想。

當時一師也不得不遵命請這樣一些遺老來上課。有一位比張宗昌身份低一點的人，對白話文非常地不滿，大有全面復古之意，他在學生考試的時候給大家出了這樣的題目：《求學要法聖人記》。又有一位行將就木的翰林，被人扶上講臺就坐，他的眼睛似已失明，給學生講《詩經》時，連注釋都一字不差地背誦出來。還有一位教《孟子》的老舉人，他講話時舌頭有點不太聽使喚，往往把一句話拖得很長很長。如把「孟子鄒人也」的「鄒」字拖了五分鐘，讓人不勝其煩。更可笑的是他講李後主的詞《搗練子令》：

深院靜，小庭空，斷續寒砧斷續風。無奈夜長人不寐，數聲和月到簾櫳。

他認爲「無奈夜長人不寐」的「長」字不妥，應該換成「涼」字才發好，因爲他認爲只有夜涼才會讓人冷得睡不著覺。其藝術感覺如此之差，學問可想而知。

這位老舉人卻善於給人出難題，有一次他給全班學生出了這麼一個作文題：《天下定於一論》。結果四十多名同學全都目瞪口呆，不知該怎樣落筆爲文。總不能讓大家都交白卷吧，他帶著鄙夷的神態看著這些學生，歎了一口氣，又換了一個作文題：《陶淵明愛菊說》。這下同學們似乎能具體的開始寫了，但有的同學卻在作文時和這位老師開起了玩笑，做文字遊戲，製造笑料，如一位同學寫道：「淵明所愛之菊，類多矣，愛黃菊，愛紅菊，愛綠菊，愛白菊。」結尾是「人皆謂淵明愛菊，我獨謂菊愛淵明，何以故？是爲說」；有的同學更是借題發揮，指桑罵槐，將他暗暗地痛罵了一下：「於今世風日下、人心不古，竟有無恥之徒，老而不死，跑來天涯，誤人子弟，豈不爲陶淵明笑掉大牙乎。」卷子上還索性落款爲張宗昌三個大字。

這下可捅了馬蜂窩，引來了封建惡勢力對學校的圍攻。一下子風聲很緊，傳說張宗昌要派大兵來包圍學校、淸查黨人。結果全校學生人人自危，連夜不寐，紛紛把各種來往信件、進步書籍、作文日記燒的燒、藏的藏，一時校園裏到處火光閃閃，煙霧騰騰，臧克家的室友在慌亂中還想出了個挖地板藏東西的妙計，這樣一直鬧騰了一夜。第二天卻平靜無事，讓大家虛驚了一場。

除了老舉人外，還有一位教國文的楊老夫子，也給同學們留下深刻印象。此人的一大特點是特別吝嗇，明明有電燈，他卻要用煤油燈，爲的是向學校多要些煤油好自己做飯；他讓校役幫他去買一個銅子的鹹菜，卻說要包成兩包；秋天到了，他的妻子要買件夾衣，他臉一拉，指責妻子「穿了布衣還說冷」；坐黃包車時，車夫和他討價還價，他會從車上走下來，說「這樣價錢，我來拉你」。這個楊老夫子的另一大特點是對白話文、尤其是白話詩特別仇視，一有機會就要破口大罵。他罵白話詩是「貧話溜子」，聲稱這種新詩他一天可以寫一萬首。並且當場試驗一番：

鵲華橋上望望，
大明湖裏逛逛，
掉下去濕了衣裳，
拾起來晾晾。

結果引來同學們的滿堂嘲笑。他卻自鳴得意，又來了一首詩：

下大雨，
刮大風，
草木爲之大鞠躬，
頭不敢擡，

眼不敢睜，

耽誤了我進城辦事情。

大家又是哄堂大笑，就像看猴子上樹一樣看著他拙劣的表演。

面對這股倒行逆施的濁流和黑暗反動的高壓，臧克家和他的同學們感到窒息而憤懣，內心非常苦悶。臧克家後來在《一根刺》的文章中回憶說：

驚心動魄的印象最不容易忘卻，像心尖上一根刺，一想起來它會使你發痛。刺還有個潰濃化消的日子，而這個印象的恐怖，卻海枯石爛在我的腦子裏。

一九二五年八月，他憤而投書《語絲》雜誌，對這種封建復古勢力予以揭露和譴責。《語絲》是當時一份有全國影響的進步刊物，像黑夜裏的明星，一直給臧克家他們以思想的啓蒙和反抗的勇氣。該刊當時負責人周作人很快給他回了信，並把他的來信加了《斃十與天罡》的題目，署名「少全」在《語絲》第四十五期公開刊登。「斃十」與「天罡」是以推牌九爲喻，「天罡」點大，「斃十」點小，意謂反動軍閥掌權，他們手裏拿著「天罡」，人民受迫害，因爲手中只有「斃十」。這是臧克家第一次在全國性的刊物上發表文章，他在這封信中寫道：

近日在校，苦悶欲死，平素當家常便飯吃的新出刊物也不得入目了，因爲某大人以它爲鼓吹過激的東西，所以有點不太樂意。各書局也會體貼大人的尊意，也便自行停止出售了。偌大一個省城竟買不到一份《語絲》，真是笑話，氣死人的笑話！

信中接著說：

老實說，就是有責的，我們也不敢買了看，恐怕看了染上過激的色彩，於自己有害。某大人曾經出過告示捉掌過激黨，暑期內大人爲慎重防範起見，把留校各生的名字都錄了去，如有規外行動，好按名定罪並將其家長提來同押警察廳，以罪其戒子不嚴。

這篇數百字的小文發表後，稍稍排解了臧克家的心頭憤懣，同時也給了他很大的精神鼓勵。他開始立志寫作，並向外投稿。不久，他向林蘭女士主編的《徐文長的故事集》投去三篇稿子，都被錄用，並得到三本小書。第一次看到自己的名字被印在書上，他心裏真是有說不出的高興。

## 三、學作新詩

臧克家在這個時期，內心是十分苦悶的，在大時代的前夜，新的思想、新的感情不斷鼓蕩著他，但反動軍閥推行文化專制和武力鎮壓，黑暗勢力又似乎特別強大。臧克家感情的野馬四處奔馳，心中常常似有一股說不出來的情緒，讓他哭、讓他笑，讓他激動、讓他憎恨。

爲了排遣這種矛盾和寂寞，他時常和幾個朋友到郊外散步，讓大自然的湖光山色撫慰自己。「濟南瀟灑似江南」，白天，他們走到郊外，擡頭望去，滿眼是稻田，處處是流水。夏日裏，水面上荷葉田田、紅花朵朵；秋日到了，把湖水放掉，滿湖的金色鯉魚在陽光下活蹦亂跳，煞是可愛。晚上，他們更多的是到大明湖裏泛舟蕩漾，划船時往往不去熱鬧的地方，如歷下亭和鐵公祠，那裏雖然是「四面荷花三面柳，一城山色半城湖」，但遊人太多，市聲嘈雜。他們寧願把船划向蘆葦深處，那兒雖然幽冷孤僻，但卻沒有任何人來打擾，他們在那一待就是大半夜，有時乘著詩興，放聲長嘯，一吐胸中之塊壘；有時借著酒興，放言無忌、盡情抒發對黑暗勢力的痛恨。他們也有喝得酩酊大醉的時候，這時就把頭伸到水中，一任心中的鬱悶借著酒後的嘔吐而傾瀉掉。

那些時候，上課成了例行公事，能不去就不去。臧克家的數理化功課原來就不太好，偏偏那位胖胖的教務主任兼數學老師喜歡讓學生到前面的黑板上做習題，點到臧克家的名字時，就像是讓他上刑場一樣。他本來對國文課最有興趣，剛進入省立第一師範時，老師要求用白話文進行寫作，他運用自己廣泛瀏覽新文學作品的有利條件，流暢自如地用白話文來表達自己的思想和感情。在一篇《遊大明湖》的作文中，他一寫就是滔滔二三千字，其中兩句話描寫道：「縱然使我有萬斛愁腸，也容不下這許多淒涼」。這篇作文受到老師的激賞，給他加了「清秀如冰心女士，悱惻似郁達夫」的批語，同時用新文學兩個重要的作家來給他的作文作評論。儘管同學們因此開玩笑稱他爲「雌雄同體」，臧克家還是非常高興。現在他對國文課的興趣被那些老學究敗了胃口，他不再認真地聽課了，而是應付一下，把更多的時間用來讀新詩和寫新詩。那段時間，他讀了冰心、穆木天、馮至、韋叢蕪、汪靜之等人的新詩，也讀了魯迅、郁達夫等人的小說，更多的是讀了郭沫若的詩歌。他的眼光在這些詩人的詩行中遊弋，整個身心都沈浸其中，如饑似渴，如醉如癡，恨不得把所有的詩句都吞咽下去。郭沫若是他極度崇拜的人，郭沫若的《女神》、《瓶》等詩，像一股強力、一道熱流、一陣春風，深深地打動了年輕的臧克家，以至他在幾十年後，還能記得郭詩中的一些佳句，如：

北冰洋，
北冰洋，
多少冒險的靈魂，
死在了你的身上！

又如《瓶》中的詩句：

她的手，我的手，
接觸呵，已經久；

她的口，我的口，

幾時呵，才能夠？

還有如「……死後呵，／死後只合我獨葬荒丘」等詩句，給他那顆熱情的詩心帶去了無邊的憂傷和愁緒；「要冷你就冷如堅冰，要熱你就熱到沸騰」等詩句，使他熾熱的青春之火，產生了強烈的共鳴。臧克家對郭沫若的仰慕簡直無以名比，郭沫若是他心中的「女神」，郭沫若的許多詩篇，他都能完整地背誦下來。爲了表達對郭沫若的無比熱愛，他從雜誌上把郭沫若的照片剪下來，恭敬地貼在自己的案頭上，並且題上這樣的字句：

**沫若先生，我祝你永遠不死！**

臧克家還讀了一些外國詩人的詩歌，如鄭振鐸翻譯的泰戈爾的《飛鳥集》。十分有幸的是他於一九二四年在濟南的省議會大廳裏，還親耳聆聽了這位大詩人的演講，當時泰戈爾一把長鬚，雖已年邁，但精神很好，聲音宏亮。爲他擔任翻譯的是王統照。

詩歌讀得多了，臧克家的心癢癢地，內心的熱情翻騰著，多愁善感的他充滿著炫麗的幻想，做著五光十色的夢，他也想寫下同樣的詩篇，寫下他對革命的熱烈嚮往，寫下他對愛情的強烈憧憬。在這種不可抑制的創作欲望的驅動下，他日思夜想，走筆如飛，寫下了不少詩篇。他在《我的詩生活》一文中回憶當初在濟南的日子：

> 在大時代的前夜，在新舊的交點上，我們這樣苦悶，興奮，成長著自己，也毀滅著自己。……我寫得多，全憑我的大膽！我寫得快，因爲我事前既不作綢繆的苦思，事後又不下功夫刪改。「靈感」是我的唯一法寶，它一動聲色，我就在紙上「走筆」。

但這段時期他的創作雖然寫了不少，卻沒能留下真正屬於自己的作品，他把自我丟失了，只是跟在了別人後面，把別人在詩中表達的感情當成了自己的感情，使自己成了別人的影子。譬如他讀了穆木天的《落花》詩的「落花，落花，落花」這樣一些平平的句子後，覺得頗有韻味，於是在自己詩歌寫作中也儘量使用這種重複的句式，也不管它在情節上和韻律上需要不需要，相稱不相稱，這樣依樣畫葫蘆的創作自然也就不能留下他自己生命的真正印跡了。

一九二六年夏天，臧克家從前期師範畢業，進入後期師範一年級，但這時他已經不想再在這所學校讀書了。當時南方正在轟轟烈烈地鬧革命，北伐戰爭已經開始，葉挺率領的第四軍獨立團解放了武漢三鎮，國民政府由廣州遷往武漢。那是令人振奮的消息，臧克家年輕的心被牽引著，他早就不滿濟南的這種死氣沉沉、萬馬齊喑，不僅如此，當時濟南反動的壓力越來越重，城門上、大街上，張貼著各式各樣的布告，耳聞的謠傳都變成了事實，不斷地有某某嫌犯處死刑的消息傳來，空氣中似乎也瀰漫著恐怖。

他在這一年秋天寫的一首詩中這樣說道：

誰肯乘這夜色正濃，衝開冷風，
爬上百尺譙樓撞一聲警鐘，
擎起一炷火把——
一道信號徹天的通紅？

窒息要爆炸人心的今日，
誰敢破嗓地高喊一聲，
舉一面火焰的大纛，挺起胸，
做一個敢死的先鋒？

誰能用一支如椽大筆，
最毒辣最不容情，
使魔鬼在筆端下啾哭，
另指一條新路給人生？

——《問》

詩雖稚嫩，卻頗能表達他當時的心態。

恰逢此時，他又讀到了他最崇拜的詩人郭沫若的一篇文藝理論的大作《革命與文學》，郭沫若在文中寫道：

青年！青年！我們現在處的環境是這樣，處的時代是這樣，你們不爲文學家則已，你們既要矢志爲文學家，那你們趕快要把神經的弦索扣緊起來，趕快把時代的精神抓著。我希望你們成爲革命的文學家，不希望你們成爲時代的落伍者。這也並不是在替你們打算，這是在替我們全體的民衆打算。徹底的個人自由，在現在的制度之下，是追求不到的。你們不要以爲多飲了兩杯酒是什麼浪漫精神，多做幾句歪詩便是天才作者。你們要把自己的生活堅實起來，你們要把文藝的主潮認定！應該到兵間去，民間去，工廠間去，革命的漩渦中去。

臧克家被郭沫若的話深深地觸動，人生的道路怎麼走？個人的前途在哪裡？這些以前一直困擾自己的問題現在似乎都有了答案。他看到了新的希望，只有離開濟南，擺脫黑暗勢力的壓迫，告別過去的一切，才能開始新的生活。

正當他在尋找去處的時候，從武漢又傳來消息，「中央軍事政治學校」正在大量招生。「到武漢去」，他心頭一下子就閃動起這個念頭，於是馬上約了要好的同學曹星海和臧功郊，三人一起結伴，決定當即出發赴武漢報考這所學校。

他們匆匆忙忙換了服裝，換了姓名，告別了過去的一切，踏上了遙遠的征程，從青島乘著海輪，像候鳥似的從寒冷中飛向了自由溫暖的江南。後來臧克家在《自己的寫照》一詩中，用了這樣的詩句描寫他當時的心情：

我們站在船頭上聽黑夜的海嘯，
我們用放大的心向背岸嘲笑，
我們胸中落下了無邊的天空，
我們將看見明早的太陽在大海上發紅。

出發前臧克家給年邁的祖父，寫了一封滿腔激情的辭別信，信中一開頭就心豪氣壯地寫道：「此信達時，孫已成萬里外人矣」。

# 第三章　初涉人世的壯志

## 一、從軍武漢

武漢位於長江與漢江交匯處，是湖北省省會，中國第二大河港，它由隔江相望的武昌、漢陽、漢口三鎮組成，通稱武漢三鎮，是華中地區水陸交通樞紐，北通陝、豫，西上川、黔，南去湘、贛，東下皖、蘇，有「九省通衢」之稱。一九二六年，隨著北伐戰爭向北推進，大革命的中心也從珠江流域轉移到長江流域，國民黨中央政治委員會決定遷都武漢，同年國民黨中央執行委員和國民政府委員大部分抵達武漢，成立中央執行委員和國民政府委員臨時聯席會議，執行中央黨部和國民政府最高職權，並決定以武昌、漢口、漢陽三鎮合組武漢市，稱爲「京兆區」。國民政府設在漢口南洋大樓，中央黨部及其他機構分別在漢口和武昌選址辦公。國民政府遷漢之初通過了一系列有利於人民的政策和決議，推動了國民革命的發展，受到了人民的擁護和支援。

一九二六年九月，臧克家和同學曹星海、臧功郊來到了武漢。他們好像從黑暗中一下子見到了光明，眼睛被強烈的光刺得有點發痛。武漢是革命的中心，是夢中的聖地，這裏有著擂鼓的聲響，有著烈火的紅焰，臧克家非常激動，心潮和江濤一樣洶湧澎湃。在經歷了長期令人窒息的高壓之後，他終於像自由的鳥兒一般撲向了心中這塊聖地的懷抱，他的思想好似有了指南的金針，他的人生尋找到了前進的道路，他要投身在這座革命的熔爐中，鍛煉自己、錘打自己。

臧克家他們三人住在武漢的一家小旅館裏，一邊感受著大時代的氣息，一邊積極準備，等待武漢中央軍事政治學校的考期。但第一次報考卻沒能成功，因爲考題對他們來說太陌生了，作文題是《民主政治下的經濟條件，並用以判明中國現在之政治制度如何》，臧克家從小到大讀的多是文學一類的書籍，他擅長的是文藝而不是政治，對這些政治術語，他感到無從下手，結果當年未能考上。但他卻並不氣餒，決心再次報考，這次乾脆住到珞珈山下的武漢大學，和其他從北方來的許多青年一起，朝夕相處，共同切磋，有針對性地讀書。功夫不負苦心人，經過努力，臧克家和曹星海如願以償，在一九二七年初軍校的第二次招生中，考進了該校，臧功郊則考進了「學兵團」。

武漢中央軍事政治學校位於武昌的兩湖書院，學校大門上掛著斗大的八個大字：「黨紀似鐵，軍令如山」。進入大門後，兩邊的牆上貼滿了各種各樣的標語，如「今日的鋤頭，明日的自由」等等……。學校的校長是蔣介石，黨代表是汪精衛，教育長是張治中，但他們都是掛名，很少到學校來。實際主持工作的是總教官惲代英，他是著名的共產黨人，早期青年運動的領導者，他於一九二六年初到廣州擔任黃埔軍校政治總教官並兼中共黨團書記，在校內與周恩來並列為最受歡迎的演講人。一九二七年初，他赴武漢主持中央軍校工作，成為精神上維繫全體進步師生的核心。臧克家後來在回憶文章中提到他時說：

我們最欽佩的、威信最高、影響最大的是總教官惲代英同志。他革命意志十分堅強。他口中吐出的語言如鐵似鋼。他挖苦揭露反動派時，出語幽默，但銳不可擋，好似刀鋒，三下兩下，雕刻出一個個令人可憎又可笑的醜惡形象。

除了惲代英外，其他教官還有李達、施存統、沈雁冰（茅盾）、周佛海、陶希聖、高語罕、徐謙、李季、陳石孚、馬哲民等人。

當時學校裏的革命空氣非常高漲，學員們的學習生活嚴肅而緊張，不是在大操場上練武，就是在大課堂上聽講。臧克家這一屆招了一千名男學員，二百名女學員，軍校招收女學員，這是中國有史以來的第一次。大家都穿了一身灰軍裝，打著綁腿，上課時會聚在一起，用此起彼伏的歌聲來激勵自己的意志。臧克家的同學中有謝冰瑩、趙一曼、谷萬川、文曼魂等人，謝冰瑩後來成爲著名的女作家，著有《從軍日記》、《女兵自傳》等作品。

學校還請了許多著名人士來作演講。總政治部主任鄧演達常到學校去演講，他雖然貌似書生，但演講起來卻熱情洋溢，很有激情；臧克家在濟南師範時崇拜的詩人、總政治部副主任郭沫若也時常和蘇聯顧問鮑羅廷、加倫一道，坐著敞篷吉普車來學校作演講，他穿一身長袍馬褂，戴一頂瓜皮黑帽，演講時用的是詩的語言，講的是革命內容，很有煽動性，給人以強烈的鼓舞。「四．一二」事件後，郭沫若還到學校演講，一開始就說：「現在的北伐軍總司令部，已經變成屠殺人民的屠場了！」表現了他極大的膽識；此外，共產國際代表團團長白勞德、省港大罷工領導人蘇兆征等人也都到學校來做過演講，後者因爲口音關係，必須經過翻譯才能讓人聽懂。

臧克家剛到學校不久，就親身參與了武漢三十萬人召開的反英大會。原來國民革命軍北伐攻克武漢後，引起帝國主義的恐懼和仇視。一九二七年的一月三日，英國水兵開槍屠殺在漢口江漢關(今武漢關)廣場上慶祝北伐勝利的群衆，製造了「一．三」慘案。四日，國民政府在武漢二百多個團體的支援下，向英國領事提出交涉，竟遭英方拒絕，激起武漢人民更大的義憤。次日，漢口舉行了三十萬人參加的反英示威大會。會後，憤怒的群衆衝進英租界，驅逐了巡捕。國民政府也成立了「漢口英租界臨時管理委員會」，對租界實行接管。二月二九日，英國被迫與武漢國民政府簽訂協定，正式承認把漢口英租界歸還中國。收回漢口英租界，使帝國主義受到了一次沈重的打擊。臧克家在這次事件中親眼看到多年來在我國長江上耀武揚威的英國軍艦，灰溜溜地退出武漢；親眼看到收回的漢口英租界，工人糾察隊的同志雄糾糾地站在那裏持槍站崗。他爲此興奮得眼淚橫流，跳動的心應和著群衆的感情，感到一陣陣勝利的喜悅。

臧克家在武漢還參加了十萬人歡送北伐軍北上的大會，這又是一次盛大的活動，場面熱烈而感人。會上，十多萬士兵排著整齊的行列、邁著堅定的步履走過閱兵台，歌聲、口號聲響徹雲霄。有共產黨人還拿著小本子在會上問：哪位同志願意加入共產黨，請寫下名字，留個地址，好今後聯繫。可見當時革命形勢多麽高漲。

這段短暫的軍校生活給臧克家留下了深刻的印象，在訓練時，他和其他學員一樣，天天出操、打靶、站崗、放哨，完全融入了集體生活。有時他也一身戎裝地站在黃鶴樓的百尺樓頭站崗，這時一支漢陽槍握在他的手裏代替了筆，他望著漢陽兵工廠的煙囱，把它比作像一支吹向天空的時代喇叭；有時他站在大江岸上放哨，這時望著波濤滾滾的長江，他的心頭也翻滾著大時代的怒潮。多年後，他在《自己的寫照》一詩中這樣回憶道：

春風吹皺了湖水，
吹綠了柳條，
從我們心上
卻吹不起兒女情長。
夏天，正午的太陽如逼汗的火，
照我們到野外去練習戰爭，
歪著頭，斜著眼瞅著尺規，
一千個槍口瞄準著一個方向。

秋天心上落不下傷感，
朔風吹不透一身單薄，
痛苦在胸中打一個轉，
叫信心一點全化成了快樂！

這時，時代的大手在臧克家的面前展開了一幅雄偉的畫卷，他的生活就像是一首詩，他親身參與的這一個個偉大的場面開拓了他的視野和胸襟，使他第一次感到了個人的渺小，他的情感不再無所依託，時間被分割在操場上、課堂上，和整理內務上，他爲自己是一個戰士而自豪，理想的前景是多麼遠大，他決心把自己全身心地投入到時代的大潮中。

但這樣的日子卻沒能持續多久，一九二七年，汪精衛操縱下的武漢政府日益右傾。中國共產黨內的右傾機會主義者對此不僅不作任何鬥爭，反而竭力壓制廣大黨員和人民群衆的革命要求，對其採取妥協投降的態度，從而使汪精衛更加肆無忌憚地策劃反共。

這一年的五月十七日，駐防在武漢西面的獨立十四師師長夏鬥寅趁北伐大軍北上河南，武漢空虛之際，率部叛變了革命。這時，守衛武漢的兵力嚴重不足，武漢中央軍事政治學校和學兵團的學生奉命整編爲中央獨立師，討伐叛軍。臧克家儘管入學才三四個月，這時卻要成爲真正的戰士了，他在黃昏時分隨著部隊乘上了一列沒有頂篷的鐵皮子火車，大家像沙丁魚一樣擠在一起。列車開開停停，象牛車一樣，一夜才走了五、六十里路。部隊開往何處，敵人在哪裏？臧克家和他的同伴卻全然不知。

黎明時分，他們在一個名爲「紙坊」的地方下了車，原來敵人在這裏，他們一下車就和敵人交上了火。衝在最前面的是臧克家的連指導員，他一邊衝一邊大聲呼喊：「同志們，前進！」大家在指導員的帶領下都像潮水般地向前湧去，突然和臧克家並肩作戰的一個同學張銓仁倒在了地上，這位來自湖南的同學一上陣就英雄犧牲了。駐紮在紙坊的叛軍面對強大的攻勢一下子亂了陣腳，他們不知從哪裏冒出來這支勁旅，只好一個勁地撤退。敵人一路撤退，臧克家和他的戰友一路追趕，經過咸甯、蒲圻、嘉魚、新堤，整整追趕了一天，直至把敵人徹底擊潰。

新堤是一個規模很大的市鎮，當臧克家所在的部隊來到這裏時，老百姓都沸騰了，他們唱著歌聲歡迎部隊，用熱情的問候表示對革命的支援。部隊宿營地的大門前，從早到晚都是川流不息的人群，許多農民訴說著反動派的罪惡，自發地要求參加部隊。

深夜，臧克家跟著排長一起去捉土豪，他們來到一座深宅大院，卻是四處無人，只有幾個老年婦女在守門。排長厲聲問道：「你們當家的在哪裏？」回答是：「出門去了。」排長一聲雷吼：「見鬼！」聲震屋瓦，嚇得土豪劣紳心驚膽顫。原來，當時部隊每到一處，都要捉土豪，罪大惡極的經過農會指控證明，由女同學當衆宣佈罪狀，男同學執行槍決。

部隊在新堤駐紮了一陣，又繼續西征，直到「通海口」才班師回程。臧克家後來在回憶這段行軍生涯的一篇文章《蛙聲——從軍瑣憶之一》中寫道：

是同樣的初夏，江南的草木已被大自然的彩筆塗抹得很濃豔了。毛茸茸的草，好似爲我們特設的軟褥，打一天仗，行一天軍，晚上把身子摔在上面，蓋一條雨衣，好承接打來的夜露。有一個晚上，命令叫我們這一師人擔任右翼，作七十里的行軍，去包圍一個險要的地方。一師人，單行地走著，走在月明中，走到明鏡似的稻田的窄堤上，手中提著長槍，機警地急步向前移動。真像在一個美麗的夢中，看帶著青松的山倒影在明鏡中，一陣陣微風挾麥香以俱來。

臧克家畢竟是個文人，嚴峻的軍旅生活並沒有帶給他任何恐懼和緊張，他的心中依然充滿詩意。

但是當他們結束戰鬥，回到武漢時，卻沒有了凱旋的歌聲，沒有了歡迎的隊伍，只見到處張貼著標語：「打倒中央軍事學校的赤子赤孫」。

原來七月十五日，汪精衛經過多日密謀，公開舉行「分共會議」，宣佈與共產黨決裂，封閉工會、農會等革命組織。至此，第一次國共合作完全破裂。共產黨參加武漢國民政府的四位領導人當即發表退出的聲明，宋慶齡發表宣言，離開武漢。她在宣言中說：你們搞的不是孫中山先生三大政策的國民革命。

在武漢政治形勢急趨直轉之際，中央獨立師處境岌岌可危。面對已成定局的失敗，大家都有著說不出的悲憤，作爲軍校總教官的惲代英給大家作了一次最後的講演：

同志們，這是我們最後一次在一起了，明天，打倒惲代英的標語會在武漢城頭上出現。反動派的氣焰雖然一時囂張，而革命最後一定會成功！大家分手以後，希望每一位同志就是一粒革命種子，撒在全國各地，到處開花，到處結果。

臧克家聽了惲代英激昂慷慨的講話，心中有著無比的悲傷，一行熱淚從他的眼中流了下來。

苦難隨著革命的落潮向他們襲來了，不久，中央獨立師奉命被開往九江，大木船一隻接一隻地裝滿了學員，大家都滿心狐疑，不知未來何去何從。船一靠岸，繳械的命令就下達了，大家走到一個地方把槍放下，然後再空手走回，被集中到一座幽靜肅穆的天主教堂裏。第二方面軍總指揮張發奎走出來假惺惺地給大家作了一番講演，大意是南昌發生了武裝暴動，爲了保護大家，讓大家來到了這裏，各位來去自由，願意走的現在可以走，願意留下來的要進行重新整編重新發槍。

臧克家決定結束從軍，不參加張發奎的部隊，他變賣了所有可以變賣的東西，收受了朋友所能拿出的幾個銅錢，與同學劉鳴鸞一起在一戶老百姓家裏脫下了戎裝，在深夜化裝潛離九江。劉鳴鸞穿一身白粗布短褲褂，故意用一頂草帽遮去半個額頭，臧克家穿一件藍布大衫，也戴了一頂遮住面孔的大草帽。送行的僅有同來武漢的老鄉曹星海和臧功郊兩人。臧克家和劉鳴鸞幾乎花費了身上所有的積蓄，才湊了兩張去上海的船票，一到船上，他倆就趕緊躲在角落裏，怕別人射來的懷疑的眼光。他們總算平安到達了上海，但這時倆人手上已是一無所有，又饑又渴的他倆晚上還不知能借宿何處，只好在上海街頭彳亍。上海的六月天氣已經很熱，他們卻還穿著長衫，路上的行人都把他們看成怪物。眼看天就要黑了，他們到處去找熟人和朋友，但不巧的是時值暑假，同學都放假回家去了。無奈之下，臧克家向劉鳴鸞吟出了一首幽默倔強的詩：

兩個窮光蛋
行在上海的大馬路上
我們是如何的渺小
然而我們是如何的偉大呵！

最後他們終於想到還有一位並不太熟但曾經相識的商店主人，走投無路之際只有硬著頭皮半夜去敲門了，幸虧那人熱情地把他倆收留了下來，兩個人的心這才算落了地，但一放鬆倆人卻都馬上病倒了。

## 二、流亡天涯

這場病生了很長時間，當臧克家輾轉回到家鄉時，又在家中躺了好幾個月。最高興的是家中的親人，特別是老祖父看到自己的孫兒平安回來，幾乎不相信自己的眼睛。父母都不在了，祖父就是臧克家最親的人了，但祖父也老了，夜燈下，臧克家看著祖父頭上新生的白髮，看著老人眼皮包不住的眼珠，心頭不禁感到一陣內疚……

當時，雖然北伐已取得了勝利，但五色旗還飄在膠東的一角。臧克家就像做了壞事的強盜一樣，悄悄地回到村莊，躲避著別人對他的注意。不久國民黨政權在山東建立，但不管是誰在當政，臧克家都得提心吊膽。有一段時間他甚至又躲到深山裏的一家窮親戚家中，住在那裏的半間茅草房裏，幸而那邊山光水色不錯，環境也很安靜，正好可以療養他那一顆受傷的心靈。

臧克家回家後，祖父最迫切關心的就是要早日給他操辦婚事。在農村，二十多歲的小夥子早就該成親了，何況臧克家又是獨子，要不是他外出求學，老人也許早就可以抱上重孫了。經過別人的撮合，一九二八年四月，臧克家與王慧蘭結了婚。新娘來自諸城相州鎮，上過中學，她家和臧家可謂門當戶對。祖父爲此自編自書了一幅對聯，貼在他們的房門上以示慶賀，上聯是「荃蓀君子草」，下聯是「蘭蕙王者香」，臧克家號孝荃，王蕙蘭字者香，這樣既把一對新人的字號包含其中，又借屈原《離騷》中的香草美人之意對他們的婚姻給予了祝福和讚美。

但這樣平靜的生活未能維持多久，還沒有等臧克家度完蜜月，在端陽的前夜，國民黨縣黨部就派人來追捕他了。情急之下，他從家中東房邊的四尺牆頭跳出，像一隻驚弓之鳥，一路逃奔。

先是到了青島，但這裏離家鄉太近了，他隨即改了姓名，換了衣服，流亡東北。他逃亡到瀋陽大機匠的家中，大機匠是六機匠的大哥，也曾是臧家的佃戶，因爲窮的走投無路才帶著全家闖關東，大機匠的孩子是臧克家兒時的好夥伴。臧克家暫且棲息在這裏，和同村的七八個窮鄉親睡在一口土炕上。白天，別人出去做工的做工、賣菜的賣菜，家裏只有臧克家和被他喚作大媽媽的大機匠妻子倆人，守著一屋空虛，日子正是難挨。但鄉親們都喜歡他、安慰他，在他出門時，給他戴一頂竹笠，而且幫他拉到額下，囑咐他不要怕，「什麼事在這裏都不關乎」。然而他還是思家心切，偷著向鄰家的小女孩借了一支鉛筆、一張破紙，向家中寫了一封只有平安兩字的家信。

終於在秋天的時候，家裏來了消息。趕來送信的六機匠從夾衣縫裏拆出了祖父寫在綿紙上的一封家書，上面寫著：

鐵案如山，無從解決，時局不變，恐終成亡命人矣！ＸＸ幼女，監禁六年，指爲禍首者，更無論矣！天涯埋頭，務求隱秘，勿效小兒思家哭也。正可藉此時機鍛煉身心，十年之內勿作家書。

祖父隨信還附來了藏在饃饃中的二十塊銀元。

第二天一早，臧克家就遵囑踏上了遠行的征程。這一次是去遙遠的黑龍江的依蘭投靠一位族伯。這又是一千多里的行程，臧克家火車一程、水路一程，一程一程地孤身向天涯行去。關外正是蕭瑟的秋天時節，風景和內地不同，非常地壯闊，他後來在文章中回憶道：

關外真曠闊，明山秀水，沃野千里，我去的時節正在秋天，一眼望不到個莊村，那寥闊，那廣大，簡直沒法對一個沒見過的人形容。

——《一個從濱江來的人》

依蘭是松花江邊的一座未開發的小城，當時比較閉塞。臧克家來到這裏後，編了一番謊話，成了他遠房族伯家中的寄食者。在別人眼皮底下吃一碗飯，這種滋味很不好受。更可氣的是要跑幾里路，到江邊的一家切麵鋪才有睡覺的地方，而且是和一位占卜的老頭睡在一起。白天的時間相對來說好打發一點，他可以外出走走，登上高樓，看一看無邊的曠野，望一望頭頂上嘹唳地叫著飛過的一群群南歸雁。到了晚上他沒地方好去，只好躲在房裏聽別人在一邊算命打卦，以及裏間屋內青春夫婦隱隱約約傳來的調笑聲，還有窗外野店傳來的各色人等的淫語狎聲。加上客裏思鄉，他翻來覆去怎麽也睡不好，只好用一聲聲歎息打發漫漫長夜。他後來在詩中描寫這種淒涼的情景：

對外人說
自己這裏有家
到了家
自己卻變成了外人。

——《自己的寫照》

關外的寒風來得特別早，剛到這裏時他就覺得氣候已很冷，馬上用幾塊大洋去買了一身夾衣。到了深秋，天上已飄起了雪花，寒風襲來，他身上的夾衣根本不能禦寒。然而帶來的一點錢已全部用完，怎麽辦？他唯有硬著頭皮向族伯借錢了。兩塊錢可以做件棉衣，族伯卻說他也沒錢，但總算說可以幫忙，托少房東到店鋪裏賒二斤棉花。這樣臧克家才穿上了由夾衣改成的棉衣，但同時也落下了兩塊錢的債務。

族伯不願意臧克家老是吃閒飯，就把他介紹到高等審判廳做一名錄事。於是臧克家給自己改了個名字：臧承志，字士先，從此天天和兩位年齡相近的同事在桌子前抄寫犯人的姓名。

他的上司書記官長是個酒徒，一喝醉了酒就要大罵，罵革命黨、罵孫大炮，什麼「殺人放火」、「裸體遊行」等等。恰巧這時臧克家和這個書記官長睡在一屋，每天晚上，他都得警戒自己不要說夢話。

臧克家在這裏不僅得小心翼翼地看別人的臉色吃飯，還得看別人對上司逢迎獻媚的醜態。總算到了中秋節，這天發了餉，是三塊錢的現洋。臧克家吃過早飯，就被動員和大家一起到廳長家拜節，大家穿戴整齊，按照官銜的大小排成一列，走進廳長家送禮說好話。但出了廳長的家，大家都散著回了自己的家，臧克家無家可歸，心一陣陣地發酸。他只好硬著頭皮去族伯家過節，爲了換取人家的一副笑臉，除留下兩元錢還債外，他用剩餘的一元錢去集市上買了兩條鮮魚和一些食物，然後才到了族伯家。這個在關外的中秋就算這麼打發過去了。

不久，祖父又來了信，並匯來了一筆錢，吩咐他見信後即刻去上海，和已經等候在那的妻子會合。於是臧克家編了個理由向審判廳辭了職，又辭別了族伯一家，匆匆踏上了歸程。

這一年的十月，他來到了上海，和妻子見面後，他們決定暫時在上海住一陣，休整一下，第二年春再回山東。

一九二九年春，夫婦倆返回山東濟南，這一年八月十日，他們的長子臧樂源出生了。祖父聞訊後非常高興，專門爲此作了一首長篇七古詩，開頭幾句是「昔我三八已抱孫，今抱曾孫六十二，首尾二十四年間，子更生孫孫生子。」

可惜祖父沒能見上自己的重孫，他在一九二九年十二月二六日因長期爲孫兒擔驚受怕，終於離開了人間。當臧克家急急返回故鄉時，沒能夠趕上祖父最後一口氣，家裏人都哭著埋怨他，說他只顧自己出奔，把苦難留給了祖父。又急又累的他痛哭不已，連祖父的葬禮也沒能夠參加就病倒了。一年後他還懷著悲痛內疚的心情寫了一首懷念祖父的詩歌：

在祖父死去周年的今日，
用淚絲把傷心的往事串起，
珍重地掛在冰冷的墳頭，
這是苦澀中僅有的祭禮。

松風把它譜成一支歌曲，
叫淒雨慢慢地引到墳底，
聲響會把往事炸成淚花，
朵朵開放在不瞑的眼裏！

——《祖父死去的周年》

祖父去世後，臧克家失掉了人間最親的溫情，三年來的艱險生活和緊張高壓使他似乎再也支撐不下去了。命運坎坷，世道不公，災難接二連三地降臨，他大病了一場。這一次病得十分危急，他的神經像風前的遊絲一樣，一吹就斷，衰弱到了夜裏不能睡覺、不敢睡覺的地步，兩隻耳朵裏就像有蟬在鳴叫，即使哭笑，他自己似乎都作不了主。失掉了健康的他，變得骨瘦如柴，心情又十分惡劣，既煩躁又脆弱，像瘋了一樣。最後只好請醫生守在他身邊，藥店也好似開到了他的家裏，他把中藥當作飯吃，一連吃了一百多劑，才從生死線上緩過神來。

一九二九年九月，臧克家本來已經考入國立青島大學補習班，旋即因病休學。

# 第四章　在青島找到了「自己的詩」

## 一、新詩領路人

一九二九年，國立青島大學補習班招生，臧克家本來是沒有資格參加考試的，他在山東濟南讀完前期師範，剛開始讀後期師範就去了武漢，而報考青島大學補習班需要大學預科和高中畢業文憑。這時候，他的一位遠房族叔臧瑗望把自己在中國大學預科的畢業文憑借給了他，臧克家借用族叔的名字才得以進了大學的門。臧瑗望僅比臧克家大二歲，他字亦蘧，筆名一石，是一個詩人，又是一個怪人，被人目爲瘋子，因他排行第四，村人給了他一個綽號：四顛。臧克家雖然在輩份上稱他爲四叔，和他卻情同手足，在思想上感情上十分一致，是他在鄉村裏唯一的朋友，把他看爲自己生平第一知己，他們回到家鄉在一起時就形影不離，談詩論文，以詩歌創作爲最大的樂趣。

臧瑗望長得很高大，臉盤又大又黑，頭髮像雜草一樣蓬鬆，鬍鬚經常不刮，嘴上長著兩隻大板齒牙，一雙眼睛很大，經常蒙著血絲。他見了陌生的人，沈默的好像不會說話，但見到知心朋友，卻能說善道，話語極多，而且極爲風趣。他在北平讀書的時候，就開始發憤寫詩，並把吃飯的錢省下來，自費印了兩部詩集：《弦響》和《碎鞋集》。可是他的詩在社會上找不到知音，他曾鼓起勇氣拿著自己的詩去向文學名家胡適、魯迅、梁實秋等人一一請教，卻不被認同。胡適翻著他的詩集，看到其中的一首題爲《夜過女子師大》的小詩，上面寫著這樣兩句詩：「想那些異性的同胞們，都已朦朧入睡了。」胡適笑著問他：「人家睡了，關你什麽事？」他聽了不甘心，又把詩集寄給魯迅，得到的回信是「太質白，致將詩味淹沒」。他又拿著自己的詩去向梁實秋討教，這次得到的答覆更是致命：「先生之詩，既違中國詩人溫柔敦厚之旨，復乏西洋詩人藝術刻劃之功……」。儘管四處碰壁，他卻依然沒有灰心，反而更爲狂妄，認爲這些名人有派別的成見，他們是戴著有色眼鏡看人，而自己的詩是可以自成一派的。因此他一直堅持不間斷地寫詩，寫詩時還特別認真，用的是一種大粗紙本子，寫了一本又一本，有時詩興來時，來不及安排紙筆，就先用破紙片，草草寫就，再謄寫到紙本子上去。

當臧瑗望回到鄉村以後，更是缺少知音，覺得心靈的寂寞，只好經常自言自語。有時他指著一大片地向農民說，將來這些地方都要用機器來耕地；有時他又指著一片場院說，將來這個上面要豎個籃球架，大家作完了活，就在那裏打球；有時他指著村裏的祠堂說，將來一定要把祖宗的牌位從祠堂裏請出來，好在那裏辦學校。別人都把他的話當成不切實際的笑話，他卻敢於在封建色彩濃厚的鄉村保持自己的奇特個性，他曾用詩歌爲自我寫照：

我在鄉村裏寂寞極了，
見了人就談性欲，
人家把我趕出來，
撒上攔門灰。（注：俗用以避邪擋鬼）

他寫他的家人是：

我從城裏回來，
迎面碰著小弟弟，
從牛棚裏出來，
面目枯黑。
走進內房，
看見父親在那裏噴雲吐霧（注：吸鴉片）

剝削我們一家人！……

他寫詩這麼直率，對自己的父親都敢於用諷刺詩批評，在當時無疑是石破天驚。然而他對臧克家的影響卻是很大的，他是第一個鼓勵、慫恿臧克家寫詩的人，也是指導、改正臧克家寫詩的第一人。他們在村子裏的時候，沒有一天不在一起，經常避開別人的視線，到村子邊寂靜無人的地方，樹林裏、山崖旁，一聊就是大半天。一時無話時，他們就聽聽大自然的風聲雨聲、鳥聲蟲聲，看看遠方的風景、鄉村的炊煙。有時，他們也一起走十多里路去訪問朋友，但才說了幾句話，主人還沒來得及汲茶，客人卻就興盡而返了。晚上時，臧克家還要去他的小草屋聊天，那是個很小的屋子，門雖然關著，但一推就能打開，室內一張織布機占了一大半面積，牆角佈滿了蛛網，土炕上的棉花絨都已經發黑，風從破了的窗戶紙裏呼呼地吹進來，把靠窗的地方一張小的書桌上的小燈吹得搖搖欲熄，桌上還放著寫詩用的硯臺、毛筆和紙。臧克家和他倆人把這裏當作談詩的樂園，在燈下一談就是半夜。

一個陽光明媚的春日，臧克家看了遠處的少女在秋千架上飄蕩，還聽到了傳來的銀鈴般的笑聲，他的心驀地一動，寫下了生平中的第一首新詩：

秋千架下，

擁積著玲瓏的少女；

但是，多少已被春風吹去了。

臧瑗望看了這首詩，大聲叫好，比自己寫了還高興，他熱情地鼓勵臧克家要繼續寫下去。

時常和他們在一起的還有一人，那就是臧克家父親的詩友、自名爲「雙清居士」的武平四叔，他喜歡舊體詩，特別是對杜甫的詩歌非常熟悉，有自己獨特的見解，自己也能寫一些舊體詩，他的名句有「背廓樹色留殘照，平楚秋痕入野燒」、「三杯入我腸，故態芒角露」等。臧克家和臧瑗望二人經常到武平四叔的家中談論詩藝，武平四叔家裏很窮，窮得冬天炕上鋪不上一床褥子，他們去時就自帶茶葉，當一壺茶煮開的時候，室內一時茶香撲鼻，詩的心情和氣氛也出來了，他們就開始慢慢談詩，一時大家似乎都忘了人間的種種煩惱，沈浸在詩的境界中。三人在談詩時，從古到今爭個不休，各不相讓，臧瑗望主張新詩要用土話白描，要直抒胸臆，要毫不雕飾。雙清居士提倡以舊詩的眼光看新詩，要典雅有致、含蓄蘊藉、回味無窮。臧克家徘徊在兩人中間，既愛新詩，也愛舊詩，認爲他們說的都有理，也同時接受了他們的影響。

在臧瑗望和臧武平的帶動下，臧克家開始不斷寫詩，他全身心地投入，覺得只要自己一直寫下去就一定能取得成功。一九二九年十二月一日，他終於在青島的《民國日報》副刊《恒河》上發表了第一首詩歌，這首題爲《靜默在晚林中》的處女作是他敲開詩歌大門的第一聲：

蕭瑟疏林遙織著霞的鱗錦，
枯草深埋著飄零的黃葉，
微風吹散了塵寰夢痕，
波蕩的海濤應和著清韻的心琴！

深深闔上了智慧的眼睛，
細味著清冷仙島的勝景，
衆美之神歌舞著幽美的情調，
雲影山光爲我圖繪著藝術之宮！

沈濁的迷夢在這時清醒，
污穢的靈魂化成了冰清，
陶醉在自然美妙的懷抱中
我默默地讚頌著人生至境！

這首詩歌帶有浪漫主義的色彩，表現了他對大自然的讚美，但這時他還沒有找到真正屬於自己的風格。

臧克家上了大學後，臧瑗望也到了城裏教中學，兩人雖然不在一起，但臧瑗望還是很關心臧克家，他十分節儉，爲了省幾元錢，不在學校搭伙，自己買著吃。但他對臧克家卻十分慷慨，每年都要送三十塊大洋補助臧克家讀大學，臧克家去看他時還總是要買了燒雞燒肉來招待。

## 二、師從聞一多

一九三〇年暑假，臧克家重新考入國立青島大學，成爲這個學校的正式學生。

青島地處黃海西岸，山東半島南部，環抱膠州灣。西南距省會濟南三三〇公里。東、南與朝鮮半島和日本隔海相望，東北與煙臺市毗鄰。它是濱海丘陵城市，地勢東高西低，南北兩側隆起，中間低陷。青島的歷史很短，它是一座十九世紀末新興的城市，曾幾次遭受殖民主義的統治，自一八九七年德國侵佔膠東開始，這座城市的變遷堪稱近現代中國半殖民地化的縮影。由於青島市區地理位置優越，尤其是優良港口的修築和膠濟鐵路的通達，在較短的時間裏，便從十幾個小村鎮發展成爲一座城市。

臧克家這次能回到青島大學，得益於聞一多先生的幫助。聞先生當時剛剛從武漢來到青島，就任該校的文學院院長和國文系主任，正好趕上批閱試卷。臧克家在大病一場之後，沒能很好地復習準備，因此在這次考試中，數學得了個零分。本來以爲錄取無望的他卻意外地收到了入學通知書，當他到學校註冊科報到的時候，才知道了這個原因。一位姓莊的職員看著他的名字就笑著對他說：「你的國文卷子得了九十八分，頭一名！聞一多先生看卷子極嚴格，五分十分的很多，得個六十分就不容易了」。原來，這次國文考試，出了兩個題目，一個是《你爲什麼投考青島大學》，另一個是《雜感》，兩題任作一題。臧克家把兩題都寫了，他的《雜感》一文只寫了三句話：

人生永遠追逐著幻光，但誰把幻光看作幻光，誰便沈入了無底的苦海。

聞一多先生從這幾句話裏看出了作者的思想和才情，認爲文章雖然短小但內容卻不簡單，很有生活的哲理，就破例給了他一個高分。

臧克家先進的是梁實秋先生擔任系主任的英文系，但入學後不久，他就覺得自己神經衰弱，記憶力不好，因此想轉入中文系。但當時想轉到中文系的學生有不少，全被拒絕了。當臧克家忐忑不安去找中文系系主任聞一多時，聞先生一聽是他的名字，就擡起頭來望著他說：「你來吧」。從此他就正式投奔到聞一多先生門下，至一九三二年聞先生離開青島大學爲止。在這兩年中，他不斷出入於聞先生的辦公室或家中，得到了聞先生的精心培植和幫助，成爲聞先生的詩的學徒。

聞一多是五四以來重要的詩人之一，他的詩集有《紅燭》、《死水》等，結集於一九二二年的《紅燭》主要是他赴美留學期間的心靈記錄，集中的名作有《太陽吟》、《憶菊》等，這些詩篇讚美東方文化，表達了對故土的思念，如：

太陽啊，火一樣燃燒的太陽！
烘乾了小草尖頭底露水，
可烘得乾遊子的冷淚盈眶？
……
太陽啊——神速的金烏——太陽！
讓我騎著你每日繞行地球一周，
也便能天天望見一次家鄉！

——《太陽吟》

結集於一九二八年的詩集《死水》大部分是他回國以後寫就的詩篇，既充滿強烈的愛國主義情感，又抒發了他對現實的失望之情，代表作如《發現》、《靜夜》、《死水》等，如他剛剛踏上祖國的土地，就發現：

我來了，我喊一聲，迸著血淚，

「這不是我的中華，不對，不對！」
我來了，因爲我聽見你叫我；
鞭著時間的罡風，擎一把火，
我來了，不知道是一場空喜。
我會見的是噩夢，哪裏是你？
那是恐怖、是噩夢掛懸崖，
那不是你，那不是我的心愛！
我追問青天，逼迫百年的風，
我問，（拳頭擂著大地的赤胸）
總問不出消息；我哭著叫你，
嘔出一顆心來，——在我心裏！

——《發現》

聞一多不僅從事詩歌創作，還致力於詩歌理論研究，認爲新詩在內容上應是「生活的批評」：

詩這個東西，不當專門以油頭粉面，嬌聲媚態去逢迎人，她也應該有點骨格，這骨格便是人類生活的經驗。

——《鄧以蟄〈詩與歷史〉題記》

同時他又從美學的要求出發，提倡新詩要具有三美：音樂的美、繪畫的美、建築的美，認爲詩歌要注重意境探索和格律安排，用合適優美的外衣來裝飾其思想，因爲沒有形式的東西是不能存在的。

臧克家以前初步學詩的時候，只是聽說過聞一多的名字，但沒有讀過聞先生的詩，現在他在聞先生門下受業，自然要識其人，讀其書了。他向聞先生借來了《死水》，結果一讀就入了迷，簡直佩服得五體投地，聞一多的這些詩歌寫得非常精煉、含蓄、富有餘味。臧克家喜歡得幾乎每一首都能背誦下來，他後來在文章中動情地說：

> 讀《死水》，一遍又一遍。有些詩篇，不是一下子就讀透了的，這需要咀嚼、琢磨、品味，一經完全懂了，好似看名山的奇峰，雲霧消盡，它的悅目賞心的容顏便顯現在眼前，而且越看越美，永遠永遠在心中保持它動人的青顏了。——《悲憤滿懷苦吟詩》

讀了《死水》，他又向聞先生借《紅燭》，然而聞先生對於詩的要求很高，對自己的這部詩集並不滿意，把它譬喻爲是自己已經過繼出去的一個不成器的「兒子」，臧克家認識到聞先生的詩同他的爲人一樣的嚴謹。

臧克家以前較多欣賞的是郭沫若的詩，那是像大海一樣，氣勢磅礴、波濤洶湧的美，現在他讀了聞一多的詩，覺得聞先生的詩更深沈、更凝煉，也更符合自己學詩的實際。因此，他對郭沫若詩歌的偏愛有所減低了，決心好好向聞先生學習，並在學詩過程中直接接受聞先生的教誨。

讀了《死水》，臧克家還把徐志摩的幾本詩集《翡冷翠的一夜》、《志摩的詩》、《猛虎集》、《雲遊集》都借來讀了。徐志摩和聞先生都是新月派詩人，在藝術上比較相近，在技巧的磨練上下了很大的功夫，臧克家從中也得到了很多藝術的啓發和教益。

有一次，臧克家拿著自己的創作和他喜歡的一部別人的詩集《昨日之歌》去請聞先生指導，聞先生翻了一下他的詩，沒有說什麼，又翻了一下《昨日之歌》，上面有他題寫的一行字：「在成熟的手腕下的產品」，聞先生拿起筆來，在「成熟」兩字前面加了一個字：「半」，其他的話也不多說。他從聞先生的簡短評論中看到了自己創作上的距離，回去之後燒掉了自己一本子過去的習作。

聞先生當時已不搞詩歌創作了，而是從事詩歌方面的研究，主要是唐詩方面特別是杜甫詩歌的研究，他給臧克家和同學們開設的課程有唐詩、歷代詩選和外國詩選等。他在講詩、選詩時有自己獨特的方式和獨到的眼光，在講到英國詩人柯勒律治的名詩《忽必烈汗》時，他說，講這一篇時，不宜在教室裏，應該到院子裏去，坐在草地上，一邊吸煙一邊欣賞；在講歷代詩選時，他還選講人所不取的明代權臣阮大鋮的詩，臧克家後來還記得其中的幾個殘句是：「始知夜來身，宿此千峰上」，「與君酌未定，枝葉旋成故」；他在講龔自珍的《己亥雜詩》時，不講「九州生氣恃風雷」這首名作，卻專門講了一首愛情詩：

風雲才略消磨盡，專隸妝台伺眼波。

爲恐劉郎英氣盡，捲簾梳洗望黃河。

他提倡在治學中要有獨立見解，對同學中表現出的一得之見，也很重視。有一次，在講唐詩時，一位同學對一首作品，提出了自己的不同意見，下課後，聞先生就約了這位同學到茶室吃茶談詩，在下次上課時，請這位同學上臺來講這首詩，他則在旁邊靜靜地聆聽。聞先生還指導學生寫作文，他看學生的作文卷子時，非常認真，但給分時卻很苛刻。當時有個同學在一篇作文中得了八十分，結果引得大家都來爭搶看他的作文。

聞先生當時雖不寫詩，但他並未完全忘情於新詩，有一次，他在學校的大禮堂裏，對著全校師生朗誦了自己的一首詩《罪過》，其中有兩句詩是「老頭兒和擔子摔一跤，／滿地是白杏兒紅櫻桃」，三個字一頓，有輕音和重音的交替，構成了一種很自然的章節，有音樂，也有詩。他在朗誦時用手指敲著臺上的桌子，臉上充滿了神采，打動了在場的每一個人。一九三一年冬，已基本不寫詩的他還寫了一首長篇抒情詩《奇蹟》，這首詩刊登在《詩刊》上，寫的是比較隱晦抽象的愛情，不太爲人所知。

當時臧克家的創作熱情很高，在這之前的幾年裏，他用生命的體驗儲存了詩的最有價值的材料：無數的生活的寶貴經驗，他現在急於找到合適的噴發途徑。因此他每寫一首詩就去聞先生那兒討教。

聞先生全家住在大學路上斜對著青島大學校門的一棟紅樓裏，書房裏四壁都是書架。臧克家每次去的時候，都看到聞先生在埋頭伏案工作，他不修邊幅，頭髮蓬亂，兩腮瘦削，戴一副黑邊眼睛，穿一襲長衫，坐在書房裏不是在翻閱唐詩方面的一些材料，就是在謄抄有關的研究文章，他的字體蠅頭小楷一般，非常工整，既清秀圓潤，又遒勁有力，寫好的大方本子，一本本地摞在桌上。但他一看到臧克家來了，就馬上放下手上的工作，先給客人泡上一壺茶，拿起一包「紅錫」紙煙，一人一支，然後再看臧克家的新作。

他們像朋友一般談著詩，小小的斗室充溢著詩的氣息，臧克家初到乍來時還有點膽怯，當他看著聞先生看詩時的神態變化，有時屏神沈思，有時眉飛色舞，就完全自在了。當看到聞先生拿起鉛筆在他的詩句中劃上雙圈，他高興得都要跳起來，因爲那劃圈的地方，也是他最得意的地方。有時，聞先生看著他的詩，一邊指點著其中的優點和缺點，一邊到書架上隨手翻出一本英文詩集，找出同臧克家的想像和比喻差不多的句子來，比較其好壞，如臧克家在《炭鬼》一詩中把挖炭夫的眼睛寫成是「像一雙月亮在天空閃爍」，聞先生馬上說，有一位美國詩人把礦工額上的電燈比作太陽，並從書架上抽出一本詩集，找到這個句子給臧克家看。聞先生還時常講「詩無達詁」，一首詩不能只是拘死在一個意義上，有一次他從抽屜裏拿出陳夢家寫的一首《熒火》詩來讓臧克家看，他說：「深夜裏，這點熒火，一閃一閃的，你說這是熒火嗎？但它也可以是一盞小燈，一點愛情，一個希望……」

暑假的時候，臧克家和聞先生不在一起了，但他還是要把自己剛剛草就的新作寄給聞先生，有一次，他把《神女》一詩的底稿寄給聞先生，他想做一次實驗，看自己最喜歡的那句詩「記憶從頭一齊亮起」能否得到聞先生的激賞。不久回信來了，果然在那行詩下單獨得到了一行紅圈，他簡直喜不自禁。

當時，詩人陳夢家爲了追隨聞一多，從武漢大學來到青島大學，臧克家也經常和他一起談詩，受到他的啓發和幫助。他們兩人被人目爲聞先生門下的「二家」，聞先生也很高興別人這麼說，認爲自己儘管不寫詩了，但已經有克家和夢家在寫，他也就心滿意足了。

聞一多對臧克家的詩歌創作幫助很大，不僅親自指點，還把他的一些詩歌如《難民》、《老馬》等推薦到當時影響較大的《新月》刊物發表。《新月》雜誌的稿費較高，八行詩能開到四塊大洋，使臧克家爲此高興地吃了一驚。後來臧克家的第一本詩集《烙印》自費出版時，聞先生又給他寫了序言，並慷慨捐贈了二十元大洋。

聞先生本來是很愛海的，在《死水》的第一篇詩上，他就寫著「我愛青松和大海」，到了青島大學，他在作文課上給學生出的第一個題目就是「海」，但一九三二年夏季，在青島大學發生的一件事卻使聞一多被迫離開了這座海濱城市。原來，聞先生作爲《新月》刊物的創始人之一，他和北平的一些京派詩人、學者關係自然比較密切，特別是梁實秋先生，是他在清華大學時的同學，又一起留學美國，然後先後來到青島大學，他們之間的交情比較深厚。兩人在青島大學，一個擔任文學院長兼國文系主任，一個擔任英文系主任兼圖書館館長，加上另一位新月派詩人陳夢家爲了追隨聞先生，來到青島大學擔任助教，這樣就給一些人找到了口舌，暗中說是新月派包辦了青島大學、濫用私人。恰巧這時學生鬧起了學潮，起因是認爲學校校規較嚴：當時一門課不及格降級，兩門課不及格開除。學生們爲此喊口號，貼標語，還罷課遊行，他們提出五項要求給校長，限三日內答覆，其中一項是圖書館買書應不限於任何派別，這又是爲新月派而發。

不知內情的學生在個別人的挑唆下反對聞一多，給聞先生很大的刺激，他在給朋友的信中寫道：「我們這青島，凡屬於自然的都好，屬於人事的種種趣味缺憾太多」，「我近來最痛苦的，是發現了自己的缺陷，一種最根本的缺憾——不能適應環境」。這次風潮發生後，他隨即離開學校，先去泰山遊覽了一下。臧克家爲聞先生的受辱而難過，他幫不上什麼忙，只能孤雁出群，不參加同學們的任何活動。當聞先生從泰山回來後，臧克家馬上去看他，發現聞先生臉上氣色不錯，心情也很好，似乎大自然的景色已讓他忘掉了人世間的紛擾。

聞一多在這年暑假離開了青島，回到了母校清華園。他在離開之前，還專門給已在故鄉度假的臧克家寫了一封信，信中說：「古人說，人生得一知己可以無憾，我在『青大』交了你這樣一個朋友，也就很滿意了。」

## 三、嘔心作詩

青島是著名的旅遊勝地和避暑勝地，夏無酷暑冬無嚴寒，整個城市依山傍海，一面是碧波萬頃、一望無際的大海，一面是青山環抱、高低錯落的城市，遠處天水不分、渾然一體，近處海灣裏點綴著許多豎著桅杆的帆船。堤岸上種植著無數株梧桐，一條條柏油路伸展在一排排梧桐樹的中間，像蛇一般地起伏在山岡上。山坡上矗立著許多整齊的或參差的樓臺，春夏的時候，街市上和山野間密集的樹葉幾乎遮掩了所有的住屋，只露出屋頂上零星的紅瓦。這裏的建築很有特色，混合了德國人的沈重，日本人的小巧、中國人的樸拙，被稱爲萬國博覽會。

臧克家在青島求學期間，卻無心欣賞這美麗的風景。一方面，三十年代的青島，到處可見外國的軍艦，它們像鐵鏈子一樣鎖住了大海的咽喉，那些外國水兵們以征服者的姿態在這裏恣意地酗酒取樂，侮辱中國婦女，大展軍國主義者的威風，日本學生也氣勢洶洶地追趕中國學生，臧克家爲此而感到屈辱和悲憤。另一方面，大革命失敗後，臧克家從一名戰士變爲一名學生，幾年裏受到白色恐怖的襲擊，飽嘗了生活的酸甜苦辣，他的內心十分壓抑和痛苦，他感到脫離了群衆後個人的孤單和救國的無力，似乎處處不順心，事事不如意，這種消極感傷的情緒始終縈繞在他的心頭。

臧克家所在的青島大學座落在半山腰上，是當年德國人的兵營，全用石頭砌成。他住的石頭樓，寬敞明亮，一擡頭就能看到大海，石頭樓的背後，有一條小路，向前走去，可到僻靜的山中，那裏是花鳥的世界。但臧克家住在高高的石頭樓上，卻夜夜不能安枕，時代的黑暗、個人的苦悶，彷彿所有的苦難都集中到了他的身上，他經歷了太多的磨難，心頭淤積了無數的語言，他要把自己對生活的觀察、對人生的感受、對世界的認識，用詩歌的形式統統傾瀉出來。然而，他的精神雖處於高度亢奮之中，身體卻極度疲憊，「心與身爲敵」是他當時的真實寫照。白天，他在太陽底下感到的是呼吸的窒塞，夜間，他受著失眠的煎熬，即使小睡片刻，也經常在半夜裏從夢魘中驚醒，這時眼前漆黑一片，整個宇宙似乎都陷入沈寂之中，而從大海上傳來的濤聲卻像牛鳴的呼號、像長嘘的哀痛，他的心急劇地跳動，身子微微發顫，有時板著手指數數，強迫自己入睡，有時乾脆從床上爬起來，在室內徘徊到天亮。

爲了擺脫紛擾，也爲了不影響同學休息，他決定逃避到萊蕪路三號的一個親戚家去安居。這個親戚家有一座小樓，但他卻不願意住在裏面，他看中的是親戚家的一間下房，在和親戚費過一番唇舌後，他終於住了下來。這是一間沒有窗戶的陋室，屋子小得張開雙臂就可以連起南北的牆壁，靠東牆安幾張床板，加上一張小桌，就是室內的全部陳設。他和一位剛從鄉下來的小工友擠在這裏，小門一閉，屋子裏就什麼也看不見了，他卻彷彿享受到了自由，也終於能夠安睡，他曾用「一隻黑手掐殺了世界，我在這裏面呼吸著自在」的詩句來形容自己的這塊小小的安息地，並在這裏寫下了除詩歌之外的一些雜文，總標題爲《無窗室隨筆》，發表在《申報．自由談》上。

另外一個去處是青島鐵路小學，這個學校的教職工大多是他的同鄉，其中有一位臧克家稱之爲大哥的遠親，那人家境貧困，但爲人很厚道。臧克家一般在星期六到那裏去，和那位朋友同榻而眠，說些家常話，得到些許心靈的安慰。

這時，臧克家的詩歌創作以豐厚的生活爲基石，進入了開花結果的階段，詩歌是他心中火焰的噴射，是他胸中激情的衝擊，他在青島大學的生活裏除了寫詩還是寫詩：

白天寫，夜裏寫，睡覺之先，床頭上預備好鉛筆和紙片子，另外，一支小洋蠟，一盒火柴。爲了某首詩中的一句欠妥，某句之中的一字未安，不論在未成眠時，不論是在朦朧之中，只要一觸及或者有新得時，不分冬夏，就立即翻起身子來燃燭摸筆，不要讓詩跑了！

我拚命的寫詩，追詩，我的生命就是詩。我真像東坡眼中的孟郊一樣，成了天地間的一個「詩囚」了。推開了人生的庸俗，把一個理想投得很遠，拒絕了世俗的快樂（其實就是無聊殘忍的口腹耳目之欲），我寧願吃苦，看破世事人情我才覺得事業是唯一「不空」的東西，它是一支精神的火炬，雖在千百年後也可以發光發熱。一切皆朽，惟真理和事業永存。詩，就是我以生命全力去傾注的唯一事業。

我的每一首詩，都是經驗的結晶，都是在不吐不痛快的情形下寫出來的，都是叫苦痛迫著，嚴冬深宵不成眠，一個人咬著牙齒在冷落的院子裏，在吼叫的寒風下，一句句，一字字的磨出來的，壓榨出來的。沒有湛深的人生經驗的人是不會完全瞭解我的詩的，不肯向深處追求的人，他是不會知道我寫詩的甘苦的。

——《我的詩生活》

爲了寫詩，他吃不好飯，睡不好覺，天天琢磨，夜夜沈思。他走在路上想詩，見了人視而不見；坐著的時候想詩，人像發呆的一樣；在和別人說話時想詩，自己唯唯諾諾，說了些什麼卻都不知道；在吃飯的時候想詩，吃的是什麼滋味也都不知道。想呀想，有時用腦過度，就會噁心嘔吐，要拿土辦法倒在床上用針挑著放血，過一會才漸漸甦醒。有一次，他為了八句詩，斷斷續續地想了一年。同學們把他戲稱為「詩人」，實則尊敬的意思少，譏諷的意味多，有時看到他半夜爬起來寫詩，就哼一聲說：「詩人又在發神經了。」

他像苦行僧一般，放棄了人生的樂趣，把全部的愛都獻給了詩歌。在以前的時候，他不知道什麼叫想像，即使知道，也不會用好它。只是憑著感覺抓住最先想到的一些字句，把它用到自己的比喻和隱喻中去。現在他認識到形容一個東西，只有一個想像最美。必須打開自己的心門，先讓許許多多的想像飛進來，精心比較好壞，然後，用無情的手把其他的想像趕出去，只留下最後的一個。在用字方面，他力求謹嚴，苦心地推敲、追求，認為下一個字像下一個棋子一樣，一個字有一個字的用處，決不能粗心地閉著眼睛隨便安置，必須把每一個字安放在最恰切的地方，像螺絲釘一樣把它扭得緊緊的。

但他的苦吟卻不是為了玩弄技巧，也不是為了自己個人的成敗得失，他是用詩歌來直面慘澹的人生，表達對世界的愛憎，寄託對未來的希望，他是用詩歌來苦心尋找思想和感情飽和交凝的焦點。在經過了漫長的追求後，他終於找到了自己的傾泄的通道：

我在青島找到了「自己的詩」——這就是說，我多年的血汗苦心終於鑄造出一個結果：「風格」。……戰鬥的生活，痛苦的磨難，叫我用一雙最嚴肅的眼睛去看人生，而且，以敏感到與瘋人只隔一紙的神經去感受生活，以強烈的火樣的熱情去擁抱生活，以正義的界線去界開黑暗與光明，真理與罪惡。總之，這時候，我的思想和人生觀已經找到了自己固定的位置，我已經定了型。因而，我的詩才獲得了自己的風格。

——《我的詩生活》

值得慶幸的是，他在青島還結交了很多志同道合的師友。青島在文化上本來是一個荒島，但隨著一九二九年成立「國立青島大學補習班」，一九三〇年「國立青島大學」的建校（一九三二年改爲「國立山東大學」），來青島的文化人開始多了起來，擔任該校校長的是五四時代寫過小說《玉君》的楊振聲先生，他的後任是戲劇家趙太侔先生，其他文化人有洪深、趙少侯、沈從文、遊國恩、王統照、吳伯簫、老舍、梁實秋、楊晦等；很多東北作家在家鄉淪陷後經過青島去上海，不少人都在青島停留小住過，如蕭軍、蕭紅、端木蕻良、于黑丁等；外地來度夏的名人，那就更多了，如章太炎就曾在青島大學作過演講，在黑板上寫上題目「行己有恥」，那是對當局不戰而棄東北的一種批判。臧克家和這些人有著或多或少的接觸，也曾受到他們的一些影響。

其中，和他關係比較密切的有一直鼓勵他寫詩，既是前輩又是同鄉的王統照先生。王統照待人熱情誠懇，很重友情，對後輩扶持不遺餘力，愛好美術，曾自費遊歷歐洲七八個國家。

他當時在青島的一所市立中學教書，後來又在青島大學兼課，並從別人手裏接編了一份雜誌《文學》月刊，他家住在地勢較高的觀海二路四十九號一座小樓上，可以居高臨下，俯視大海。臧克家經常和吳伯簫一起到他家裏去，每次由老工友上樓通報來客，他一聽有客來訪，就扶著陡直的欄杆，像從滑梯上滑下來一樣下樓。三人在一起談詩論文，談笑風生，其樂融融。到了吃飯時間，他就留客人一起用家鄉風味的便餐，臧克家在這裏不時感到友情的珍貴和溫暖。

## 四、出版《烙印》和《罪惡的黑手》

一九三二年，臧克家的詩作開始在一些全國性的刊物陸續發表，並受到了一些好評。他因此想在這一基礎上，把自己的這些詩歌集結在一起，出版一本詩集。

但作爲一個名不見經傳的小人物，要出詩集談何容易，首先要湊齊至少六十元的印刷費，這在當時也不是一筆小數目，其次要找到出版商。他把這一想法告訴了他最尊敬的老師和朋友聞一多和王統照，他們都表示了支援，分別贊助他二十元，加上友人王笑房給他的二十元，使這本詩集有了問世的資本。聞一多和王統照還幫他把將要入選的詩歌進行了一番斟酌和精選。但詩集編好後，卻沒有哪個出版社願意爲他出版，幾經碰壁後，他恰巧看到了卞之琳在北平自費出版的詩集《三秋草》，於是便和卞之琳取得了聯繫，請他代為操辦自己詩集的印刷出版事宜。卞之琳很熱心，儘管他與臧克家未曾謀過面，但大家都是寫詩的，他就義務攬下了這件事，為這本詩集做設計、搞校對、跑印刷。這年七月，在眾多師友的幫助下，臧克家的第一本詩集《烙印》終於出版了，這本詩集收錄了他在一九三一年冬天至一九三三年夏天的詩作共二十二首，聞一多先生為他的詩集作了序言，王統照作為該書的發行人，第一版印數四百本。

《烙印》詩集出版後，很快引起了文壇的廣泛注意，著名作家茅盾、老舍在當時影響較大的《文學》月刊上撰寫了評論，韓侍桁在另一本雜誌《現代》月刊上也發表評論，他們對臧克家的詩歌創作給予了充分的肯定。茅盾在評論中寫道：

全部二十二首詩，沒有一首詩是描寫女人的「酥胸玉腿」，甚至沒有一首詩歌頌戀愛。甚至也沒有什麼「玄妙的哲理」以及什麼「珠圓玉潤」的字藻！《烙印》的二十二首詩只是用了素樸的字句寫出了平凡的老百姓的生活。……作者的創作態度是夠嚴肅的，而也因為這一點，我對於詩集《烙印》起了「不敢褻視」之感，我相信在目今青年詩人中，《烙印》的作者也許是最優秀中間的一個了。——《一個青年詩人的〈烙印〉》

在對詩集肯定的同時，茅盾也指出了其中存在的不足：

我們瞭解這位詩人時時在嚴肅地注視「現實」，時時準備擔負「現實」將要給予他的更多的痛苦，而不皺眉毛；這樣的「生活態度」，是可貴的，但是詩人對於「現實」的認識以及願望，依然沒有表白出來。不「逃避現實」是好的，然而只是冷靜地「瞅著變」，只是勇敢地「忍受」，我們尚嫌不夠，時代所要求於詩人者，是「生活上意義更重大的」積極的態度和明確的認識。

——《一個青年詩人的〈烙印〉》

老舍則在評論中主要肯定了詩集中表現出來的一股硬勁，他說：

《烙印》裏有二十多首短詩，都是一個勁，都是像「一條巴豆蟲嚼著苦汁營生」的勁。真希望他給點變化，可是他既願一個勁，誰也沒辦法。……他確是硬，硬得厲害。自然這個硬勁裏藏著個人主義的一些石頭子兒。「什麼都由我承當」，是浪漫主義裏那點豪氣與剛硬。

——《臧克家的〈烙印〉》

侍桁在評論中指出了他的詩歌表現出新的發展：

被壓迫者的生活引起了他更深的注意，而且他懷著一顆同情的心，開始描繪著礦工、神女、洋車夫和小工等的生活，那結果雖只是一個輪廓，而無疑地使作爲一個詩人的他更充實起來，他可以謳歌的世界也無限地闊大了。

——《文壇上的新人臧克家》

這些評論儘管說法不一，但從不同角度指出了臧克家的詩歌給詩壇帶來的新的氣象。當時一些詩歌脫離現實、蒼白空虛，遭到了人們的厭棄。而臧克家以其獨特的風格，為新詩反映現實生活開拓了一個新的天地。

《烙印》中的詩歌，在內容上大致可分為兩類：一類是對當時風雨飄搖的年代裏苦難民衆的生動寫照。他用素描般的手法，勾勒出了當時破敗、淒慘的北方社會現狀，塑造了那些含辛茹苦、勤勞善良的勞動者形象，從中寄寓了自己對這些同胞悲苦不幸的遭遇深切的同情。如做了一輩子長工被攆出家門的《老哥哥》，風嘯雨急的深夜還不回家的《洋車夫》，被饑餓牽到異鄉的《難民》，從不把死放在心上的《炭鬼》、強顏歡笑卻內心淒苦的《神女》等，以及《販魚郎》、《當爐女》、《漁翁》、《歇午工》、《老頭兒》等，這些受苦受難的勞動人民的群像，在詩集中占了一半以上的篇幅。他以現實生活為基礎，反映底層人民的生活，感同身受，創作態度十分嚴肅，他在《烙印》「再版後記」中寫道：「老早心裏為詩定了個方針。第一要盡力揭破現實社會黑暗的一方面……寫《洋車夫》、《販魚郎》、《老哥哥》……這些可憐的黑暗角落裏的人群，我都是先流過淚的。我對這些同胞，不惜我最大的同情，好似我的心和他們連結在一起。」

如他的《老馬》一詩：

總得叫大車裝個夠

它橫豎不說一句話
背上的壓力往肉裏扣
它把頭沈重地垂下

這刻不知道下刻的命
它有淚只往心裏咽
眼前飄來一道鞭影，
它擡起頭來望望前面。

這首詩只是樸素凝煉地描繪了一幅負重拉車的老馬形象，但卻可以說是概括了多少年來農民的沈重負擔和悲慘命運，讓人聯想到舊中國屈辱的歷史。詩以象徵的手法，引人深思。

又如《洋車夫》一詩：

一片風嘯湍激在林梢，
雨從他鼻尖上大起來了，
車上一盞可憐的小燈，
照不破四周的黑影。

他的心是個古怪的謎，
這樣的風雨全不在意，
呆著像一隻水淋雞，
夜深了，還等什麼呢？

這首詩選取的雖只是生活的一個橫斷面，但以準確鮮明的意象，具體可感的畫面，細致入微刻劃了車夫內心的哀傷和生活的悲苦。

《歇午工》一詩則勾畫了另一幅生活圖景，那是勞動的力、健康的美，詩人曾給自己的創作提出過這樣的要求，「我有一個野心，我想給新詩一個有力的生命」，這首詩歌就充滿了這樣一種活的生機：

放下了工作，
什麼都放下了，
他們要睡——
睡著了，
鋪一面大地，

蓋一身太陽，
頭枕著一條疏淡的樹蔭，
這個的手搭上了那個的胸膛。
一根汗毛
挑一顆輕盈的汗珠，
汗珠裏亮著坦蕩的舒服。
陽光下，鐵色的皮膚上
開一大片白花，
粗暴的鼾聲
扣著呼吸的匀和。
沈睡的鐵翅蓋上了他們的心，
連個輕夢也不許傍近，
等他們靜靜地
睡過這困人的正晌，
爬起來，抖一下，

湧一身新的力量。

另一類詩歌是他對自我形象的真實寫照。在經過長時期的孕育，嘔心瀝血的錘煉後，他寫出了自己濃重的情感，表白了自己的人生觀和生活態度，抒發了他在那個灰暗的年代裏許多痛切真實的感受。

在《烙印》一詩中，他寫自己內心浸透的痛苦：

我嚼著苦汁營生，
像一條吃巴豆的蟲，
把個心提在半空，
連呼吸都覺得沈重。

在《生活》一詩中，他描繪的人生是：

這可不是混著好玩，這是生活，
一萬支暗箭埋伏在你周邊，
專瞅你一千回小心裏一回的不檢點！

大革命的失敗，理想的破滅，個人流亡的經歷，使他年輕的心感到了孤獨，飽嘗了辛酸，他儘管默默地承受，卻並不就此屈服，而是在矛盾中苦苦地掙扎著和期盼著，並用詩歌來寄託自己的倔強。

聞一多作爲師長和朋友，是最瞭解臧克家這時期的思想的，他在爲這部詩集作的序中寫道：

我現在不妨明說，《生活》確乎不是這集中最精彩的作品，但卻有令人不敢褻視的價值，而這價值也便是這全部詩集的價值。

克家在《生活》裏說：

這可不是混著好玩，這是生活。

這不啻給他的全集下了一道案語，因爲克家的詩正是這樣——不是「混著好玩」，而是「生活」。其實只要你帶著笑臉，存點好玩的意思來寫詩，不愁沒有人給你叫好。所以作一首尋常的好詩，不是最難的事。但是，做一首有意義的，在生活上有意義的詩，卻大不同。克家的詩，沒有一首不具有一種極頂真的生活的意義。沒有克家的經驗，便不知道生活的嚴重。

聞一多的話指出了臧克家詩歌的價值之所在，一個詩人，只有嚴肅地投身生活，以全身心來從事創作，把它作爲自己生命中的唯一大事，才能取得真正的成功。

一九三四年十月，臧克家在生活書店出版了第二部詩集《罪惡的黑手》，這部詩集共收集了十七首詩，是他從一九三三年夏天至一九三四年夏天一整年的作品，比起《烙印》來，這部詩集的詩歌數量少了，每篇詩歌的篇幅卻長了。如其中的兩首詩《罪惡的黑手》和《答客問》，前者揭露帝國主義掩蓋在宗教外衣下進行侵略的罪惡實質，後者寫出了農村在多重災難下的衰落和凋弊，以及動蕩的身影。從中可見，詩人想極力擺脫自己的小我，更深入、更全面地來反映時代、反映生活。他在這部詩集的序中寫道：「從這本詩裏可以看出我的一個傾向來，在外形上想脫開過分的拘謹漸漸向博大雄健處走」，「內容方面，竭力想拋開個人的堅忍主義而向著實際著眼」，這種追求取得了一定的效果。但他也承認：「在這集子裏面的一些詩中，我只畫出了一個恐怖破碎的鄉村的面孔，沒能夠提出一條出路來，許多限制使我只能這樣。」

從《烙印》到《罪惡的黑手》，臧克家踏踏實實地一步步向前邁進，立足現實、直面人生，苦心探求、不斷進取，爲新詩走上了現實主義的道路作出了自己的努力，也使自己成爲三〇年代的詩壇上一顆引人矚目的新星。

# 第五章　臨清——生命中的黃金時代

臨清位於山東省北部，多平原少山川，以產棉著名。乾隆皇帝下江南時曾路經這裏，留下了一座名叫「沙丘古渡」的歇馬亭，明代著名詩人謝榛也出生在此處。那古老的城牆、斑駁的石碑、巍巍的舍利寶塔、熱鬧的大寺還有日夜奔流不息的大運河都是這座古城的歷史見證。

一九三四年八月，應臨清中學校長張乾一之邀，剛剛大學畢業的臧克家從青島來到臨清中學任教。臨清中學校舍的前身是「大倉」，新蓋的校舍處在僻靜曠闊的郊野，很有鄉村風味。正如他的一個學生張泮慶在《我們的新校舍》中描寫的那樣：「雖然這是一片瓦礫場，我卻喜歡它的幽曠；雖然這是一片荒野，我卻喜歡它的清冷，我喜歡四周綿亙的垣牆給我扯來的半壁晴空。」（《我的詩生活》）臧克家在其中感到呼吸舒暢，心境平和，好似找到了靈魂的故鄉。第二年，他的妻子王慧蘭也來了，在該校任女生指導員。臧克家住的是一間清靜雅致的小土房子，屋裏充滿了書香花香，門前綠草茵茵，小鳥在樹上歌唱，他感到非常滿足。在這裏任教的三年零三個月是臧克家生命中最安靜、快樂、美好的時光，被他稱作自己生命史上的黃金時代，也是他詩歌創作史上一個重要階段。

## 一、教書樂

剛到臨清中學的時候，臧克家還提醒自己要注意說話的分寸、對人的態度，可是不多久他就覺得自己是多慮了：「校長是朋友，同事有的早就熟了的，就是才認識了的也覺得多半是可以交結的，固然各人心裏都設著一道防衛線，可是在不相侵害的關係上，是可以合攏在一起玩的。」（《教書樂》）臧克家教兩個班的語文兼一個班的班主任。第一次教書，他像做新嫁娘一樣膽怯，但不久後他就和學生們打成了一片。他們來自附近幾個縣的農村，大的十七八歲，小的十三四歲，天真純樸，終日嘰嘰喳喳，像春天的小鳥。臧克家的心也變得年輕了。孩子們常聚到他的寢室，房間裏充滿了笑聲語聲，大革命失敗和理想受挫在他心上的陰影漸漸消退了。他帶孩子們到野外拾秋葉，看棉花，聽運河邊的號子聲，登上「萬人塚」看中秋月。他在《教書樂》裏說：「這些天真孩子的每一張臉，都會使一片創傷的我的心得到了極大的安慰。在這些孩子身上，除了良心，別的是無法加上的。我把整個心用在這群孩子們身上，在白天，在黑夜。一些事情忙得眼皮都紅腫了，可是一想起他們的笑臉，什麽都忘記了。」

在課堂上，臧克家以詩人的激情講課，講到動人處，自己激動得心跳，學生們也被深深地感染了。爲了開闊學生的視野，他提倡每人交一塊錢的書籍費，用來訂購書刊《文學》、《中流》、《太白》、《大衆生活》等，每個班成立了「小小圖書櫃」供輪流借閱。學生們讀到了魯迅、郭沫若、茅盾、丁玲、聞一多等名家的作品，開始對文學産生濃厚的興趣。

在臨清的這幾年，正是國難深重的時候，臧克家不全按教材講課，另外選了《揚州十日》激發學生們的愛國心，讓學生們知道國破家亡的悲慘滋味。他用激奮的調子給學生朗誦郭沫若的愛國詩歌《歸國雜吟》（二）：「又當投筆請纓時，別婦拋雛斷藕絲。去國十年餘淚血，登舟三宿見旌旗。欣將殘骨埋諸夏，哭吐精誠賦此詩。四萬萬人齊蹈厲，同心同德一戎衣。」這首詩悲壯慷慨，臧克家朗誦時語調慷慨激昂，使學生們接受了愛國教育。蕭伯納來到中國作演講曾轟動一時，臧克家向學生介紹了一些情況，還引用了蕭伯納信仰社會主義的觀點，向他們傳播進步思想。一九三六年春天，政治風暴襲擊了臨清中學。特務告密說學校裏有共産黨組織活動。全校氣氛頓時緊張了起來，臧克家和學生趕緊檢查學校的圖書館和班級圖書櫃，把一些革命書刊藏起來，把學生作文本和日記中覺得不妥的內容和自己的部分文稿信件都銷毀了。他的兩個學生和一個思想進步的青年王瑞征先後被捕，他們都與臧克家有聯繫。在省政府的官員會審時，臧克家做好了逃亡上海的打算，幸好他們嘴很嚴，沒有牽連到他。

在臧克家的影響下，臨清中學出現了好幾位少年詩人。臧克家特別喜愛的有兩個，一個是陳憲泗，一個是逸君。

陳憲泗特別喜歡詩歌，想像力豐富，上小學時開始寫詩，少年時就發表過多篇詩作，是臨清中學公認的詩歌天才。他說不準什麼時候就拿著詩稿來找臧克家，這時，臧克家把筆管向硯臺上一摔，心從一個枯燥的圈子裏跳出來了，帶著從心底發出來的歡喜和他談起詩來。他們交談起來完全忘了外界的一切，茶倒在一旁總忘了喝，口乾得受不了時端起杯子，才發覺已經涼得不能喝了。

臧克家為陳憲泗的精彩詩句拍案叫好，比自己寫了一首好詩還要激動。他把陳憲泗看成當年的自己，而自己就成了當年的聞一多先生。他甚至比當年的聞先生還要愛才惜才，逢人就說「陳憲泗的詩一定會大有成就的」，並向雜誌和副刊介紹陳憲泗的詩歌，同時為他介紹青年詩友。這個詩歌天才因為討厭的數學頭痛時，臧克家也跟著煩惱，想起自己小時候對數學的憎惡；這個多情小詩人因為戀愛受阻而痛苦時，他給予安慰。可惜這個曾寫出了「眼皮上貼一千兩黃金」的天才詩人十七歲時就因病去世了。臧克家心痛不已，一連好多天悶悶不樂，爲他寫了感人至深的散文《悼》。

逸君是一個聰慧富有詩人氣質的女孩子，「烏鴉給枯樹開一身黑花」就是她寫出的美麗詩句。臧克家曾把她比作但丁心目中的畢娜司，逸君這個名字就是他給她取的。臧克家喜歡這個女孩子，還和她的父親結成了詩友，在離開臨清時把兩件珍愛之物——他六曾祖父用「六臣本」校訂的《文選》和聞一多簽名贈送的《死水》交給她保管。

臧克家的好多學生都愛寫詩，像趙光璧、孫樹聲、張泮慶、于壽增等學生都有詩歌天賦。臧克家在臨清灑下了詩的種子，用時間和心血培植。就連看門房的一個青年工友也寫出了「生活的鈍刀鋸斷了我的青春」這樣富有哲理意味的詩句。

臧克家喜愛民歌民謠，學生們把有趣的民謠講給他聽，如「十八的大姐九歲郎，抱了上床抱下床，說他郎來郎還小，說他兒子不叫娘。」這首民謠反映了臨清的早婚習俗，既幽默又有諷刺意味。有的民謠反映民間願望，具有政治鞭笞意味：「老鄉見老鄉，兩眼淚汪汪，你就跟著張作霖，我就跟著張宗昌，你就沒有錢，我就沒有槍。」臧克家想和學生合作編本歌謠集，甚至還要把自己在臨清創作的詩和學生們的詩編成一本集子叫《我們的詩》，可惜由於經費問題和戰亂，這些計劃未能實現。

臧克家把這些孩子領上了詩歌的道路，這些孩子也成了他忠實的讀者和批評者，有些甚至還給了他創作靈感。如他的學生張泮慶寫了篇描寫春天的散文，其中有這樣一段：「天，像一個淡淡的藍暈，靜靜的，懶懶的。太陽的光像一條條金輻似的把青天撐了起來，像一柄藍傘。」臧克家就把它們化成了《依舊是春天》中的一段：「太陽的一萬道金輻，撐起了一柄天藍傘，懶又靜的，籠上了人間的春天。」師生之間可謂教學相長。

## 二、運河岸邊的歌唱

臨清時期，臧克家時間充裕、生活安定，創作興致很高。三年多的時間裏，他寫了《運河》、《中原的胳膀》、《大寺》、《自己的寫照》、《古城的春天》、《喇叭的喉嚨》、《我們要抗戰》等五十多首詩，大都收在詩集《運河》、《臧克家集外詩集》中，《老哥哥》、《嫁女會》、《野店》、《六機匠》、《蛙聲》等四十多篇散文和小說，多收在《亂莠集》中。

臧克家在課餘常到大運河邊散步眺望，大運河裏過往不息的行船，在泥水裏掙扎的縴夫，河面上如血的夕陽都觸發了他的詩情。詩集《運河》是他在臨清的重要收穫之一，這部詩集收錄了二十四首詩，絕大部分是短詩，只有《大寺》、《運河》是長詩。《大寺》主要介紹了大寺的歷史和商販叫賣的場景，極類一張張速寫畫，語言輕快流轉，在藝術和思想上並無多少特別之處。他於一九三五年一月寫下的長達一百一十四行的《運河》卻較有藝術特色。他曾這樣說：「如果要我從個人一生大量詩創作中嚴格精選二十首的話，我會把《運河》列入其中的。」（《關於〈運河〉》）臧克家寫詩一貫拘謹，老老實實、苦心孤詣地捕捉每一個形象，即使有了材料和形象，也不馬上提筆。他在《新詩答問》中談起了自己寫詩的經驗：

抓住了材料，無妨叫它在心頭多盤旋一會兒。這對於你，會有說不盡的好處。這，對自己容或是慘酷一點，心潮的起伏，會使你不得平靜。這時一些美麗的想像，像無數金色翅膀的鳥兒，飛上了你心的園林，又像四方的銀河，在陽光下閃著明亮向著你的心海匯流，說你這時是一個神仙也可以。像傳說的採寶人撐住孤舟，在急流中向翡翠峰頭僅得一下劈斧一樣，你提著心、冒著險，劈下了最精巧確當的想像來。下一個字要像一個窮困慳吝的鄉下老女人敲一塊銀元的真假一樣。說到排列，應該像一個御用的工匠，在龍眼監視之下砌一座花牆那麼謹慎，偏偏這工匠又三番兩次做不到天子心裏去，排了又拆，拆了再排，這一番匠心，我們得效法。

從這裏可見新月派和聞一多對他的深刻影響。但是，他寫《運河》時開始擺脫新月派嚴整格律的要求，打開感情的閘門，隨著奔流的詩情，馳騁自己的想像，恣意抒寫。全詩氣勢雄渾，視野開闊，時空轉換自由。他在詩中展開了一幅宏大的歷史畫卷：從秦始皇修築萬里長城，到隋煬帝開掘大運河，再到縴夫舟子在泥水和星夜裏苦難的掙扎。尤其結尾兩句「我問你：明天早晨是哪向的風？」全詩蘊含豐富，給讀者思考回味的空間。

《運河》是臧克家繼《罪惡的黑手》之後創作的又一部長詩，顯示了他駕馭長詩的本領和轉變風格的傾向。這種傾向其實在寫《罪惡的黑手》時就初見端倪：他在《〈罪惡的黑手〉序》中說出了自己想在詩歌的外形上脫開過分的拘謹漸漸向博大雄健處走的願望。

安靜的臨清也承受著那個時代的苦難，連純樸天真的孩子也較早品嘗到了生活的艱辛。他們在作文中向臧克家描繪出一個破碎恐怖的鄉村——難捱的年關、連年的災荒、困苦的生活……臧克家的心受到了極大的震動，他鼓勵他們要有活下去的信心，不要害怕死亡和災難，終歸能從困境中找出一條路。作爲一個詩人，他要更堅韌地活著，頑強地描寫現實、觸碰現實：

在這樣的時代裏，一個詩人只要肯勇敢地去碰現實，如果幸而死不了的話，提起筆來一定可以流注下串串的平常萬年想不出的詩句來。這些詩句的音節一定是緊合著時代的節拍的，也用不著誰來指教。你運用的字句一定都是嶄新的幾乎是神奇的（在未下筆前你自己也不知道要這麼寫！）然而又是人人能懂的。——《〈運河〉自序》

《運河》集中有不少短詩都描寫了臨清生活悲慘苦難的一面。苦旱裏，「大地是旱海，——

風塵是長帆，——村莊是死的港口，——生命的船隻擱淺在裏邊」。(《旱海》)他急切地呼喚著一陣甘霖給生命另換一個季候；水災讓村莊倒盡了破老的房屋，無數人失去了容身之處，可憐的母親在水中發瘋般地尋找自己的孩子；八百個煤礦工人一起遭受了水灌之災，妻子們直著嗓子喊著他們的名字；一個婦人爲生活所迫不得不下狠心賣掉自己的女兒；年輕的小夥子凍死在結了冰花的地上……

苦難多災的生活又蒙上了政治和國難的陰影。他一九三六年寫了《依舊是春天》，用十分含蓄的筆法發洩了對現實的不滿：

什麼也沒有過一樣，
太陽的一萬道金輻，
撐起了一柄藍傘，
懶又靜的，
籠上了這人間的春天。
什麼也沒有過的一樣。

看春水那份柔情；
柳條綠成了鞭，
東風留下了燕子的歌，
碧草依舊綠到塞邊。

這很像一首風景詩，其實是一首意味深沈而悲痛的政治詩，最後兩句含有「人世幾回傷往事，山形依舊枕寒流」的沈痛意味。藍天碧草年年相似，國家卻面臨著被蹂躪分割的危難；塞邊春色依然，卻不再屬於祖國了，臧克家爲祖國的命運憂慮著。

他也想起自己貧困的家鄉，尤其是那個命運淒苦的老哥哥。一九三四年冬天他寫下了散文《老哥哥》。老哥哥在他們家度過了一生，從一個可以單拱八百斤重小車的二十歲青年，變成了一個日夜蜷縮在炕上咳嗽的老人，在他祖父眼裏成了廢物。在這篇散文中，他不僅表達了在一九三二年寫的詩歌《老哥哥》中對底層勞動人民的同情，而且更多的營造了悲秋氣氛，衰老的老哥哥和秋風寒月聯繫在一起，這是臧克家生命意識成熟的體現。第二年的冬天，他寫了《六機匠》。六機匠，一個堅強能幹的人，冬天忙著織布自己卻沒件棉衣，最後還失去了織布機，失去了土地，一個人孤獨地像一隻被剪去翅膀的飛鳥。

一九三五年十一月至十二月，他寫的千行敍事詩《自己的寫照》是他臨清時期的重要代表作之一。這部長篇敍事詩，同蒲風的《六月流火》、田間的《中國農村的故事》、楊蚤的《鄉曲》和王亞平的《十二月的風》一樣，都是三〇年代敍事詩的力作。該詩一問世就受到了廣泛關注，茅盾據此論說「敍事詩的前途」，熱情地評價道：

作者用他的謹嚴而苦心的手法從容展開他的「長江萬里圖」似的大時代的手卷，從作爲「序曲」的幼年時代起，唱出「我」之經歷，大時代的風雲變幻，……作者那種謹慎地避免觀念化與說教，而努力求形象化的苦功，到處可以見到，誠如他自己所說，這「至少可以作爲一個管子而去窺天大的三個不同的時代。」①

異常尖銳的階級鬥爭和民族鬥爭促使臧克家主動寫長詩，因爲他「覺得抒情的短章不夠適應時代的節奏，不能把新詩從『書房』和『客廳』擴展到十字街頭和田野了。」② 而長詩便於大規模的鋪寫場面、渲染氣氛，氣魄雄壯、情調高昂。他一九三四年在《〈罪惡的黑手〉序》中就說：「我希望這個集子結束了我的短詩。老是這樣下去，自己不滿意不必提，是會辜負多數希望著我的人們的。我已經下了最大的決心，最近的將來就要下工夫寫長一點的敍事詩，好像敍事詩在我國還很少見，應該有人向這方面努力。」

長詩《自己的寫照》可以說實現了他當日的諾言。臧克家差不多寫出了一九二七年大革命的全過程，並上溯祖輩父輩的叛逆運動，下至日軍入侵，河山破碎，貫穿著自己的感情經歷。該詩在描寫的廣度和深度上，都對臧克家以往的作品有了突破。但同時也要看到臧克家在渲染情緒充當時代鼓手的氣魄上還不及田間、蒲風等左派詩人，茅盾就認爲臧克家的敍述風格過於謹嚴冷靜，缺少壯闊宏大的氣魄：「然而作者的情緒太冷靜一點，寫軍隊入伍與征西缺乏了激昂，寫東下被繳械缺乏了悲壯，寫回到北方以後的險阻缺乏了沈痛。而謹嚴地從容地展開這大手卷的手法也就使這長詩全部缺少了浩浩蕩蕩的氣魄。」③　不久之後的全民族抗戰才使得臧克家的詩風真正走向了博大雄健、激昂悲壯。

## 三、曇花一現的《避暑錄話》

在臨清教書的幾年，臧克家很少回家。每到暑假，他就到青島與老朋友相聚。一九三五年的夏天，臧克家又一次來到青島，當時在青島的文藝界的朋友還有王統照、老舍、洪深、吳伯簫、趙少侯、孟超、王亞平、杜宇、王余杞、劉西蒙、李同愈等人。這些人聚集在一起，話題自然離不開本行。在一次聚會上有人提議辦個文藝副刊，《避暑錄話》由此誕生。這個刊名是洪深提議的，意爲避暑不是納涼，而是避國民黨老爺們的炎威。這個副刊既無主編也無編輯，附在《青島民報》上作爲一個文藝副刊出現在讀者面前。撰稿人都是著名的小說家、戲劇家、詩人、散文家、翻譯家，「每次出刊之前，大家聚餐一次，一面碰杯，一面暢談，一面湊稿子，雖然有點隨隨便便，倒也覺得無拘無束，有點自由自在的情趣。」（《〈避暑錄話〉與〈星河〉》）這些文藝界同仁都有「書生救國恨無力」之感，所以在這個刊物上發發牢騷，聊以消煩解憂。臧克家在《避暑錄話》上發表了《要活》、《說大蒜》、《古城月》三篇詩文。只可惜暑期一過，這些撰稿人都紛紛離開了青島，這個刊物只刊出了十期就結束了。

《避暑錄話》雖然壽命不長，卻給臧克家留下了極深的印象。大概是因爲這個刊物有了很多名家的參與，氣氛活躍自由，比起他以後在戰爭和貧困中編輯的刊物更多一點浪漫色彩。

## 四、告別臨清

臧克家是個喜歡熱鬧的人，可是文藝界的朋友卻很少到古城臨清來，他也難得有機會出去走走。他對文壇的情況不太瞭解，對於兩個口號之爭（國防文學和民族革命戰爭的大眾文學）比較隔膜，認爲是左翼陣營內部的事。他傾向於「國防文學」，認爲它的團結面比較廣。這時東北淪陷，華北告急，抗日浪潮風起雲湧，「一二·九」抗日愛國運動、西安事變……臧克家待在溫暖安靜的臨清，內心不能平靜。他覺得自己應該走出臨清，投身到時代的激流中，再造一個新生命。可是他又捨不得離開這些可愛的孩子和完全放棄臨淸安靜的生活，他的學生中有一個叫張泮慶的寫信給他，責備他不投入抗日的洪流，他這樣回答：

我剛想推開這古城
讓身子紮翅，
而心先酸楚了，
爲了這間土室，
爲了一塊磚——叫我的脚踏凹了的，
爲了這兒的一些人，
爲了古城樓上
最先沾我衣角的黃昏。
我不願做塊吸鐵石，
去吸引叢叢一色的鐵屑？
只因釘子打進了木頭裏去，
拔出來得費勁，

得帶出一堆木花——
我破碎的心！
——《蘇生的風——答泮慶》

他內心痛苦地掙扎著。一九三七年的初夏，他枯坐在窗下，對著黯淡的燈光，聽著自己的心跳，心中悵惘、酸楚，真想流幾滴眼淚。這時，一聲聲悠揚的蛙鳴傳到他耳邊，牽起了他的思緒：十年前他參加中央獨立師時以天地爲廬舍，草茵作被褥，鋼槍作枕頭，在黑夜裏急行軍也聽到過悠揚的蛙鳴，那時生活緊張艱苦，內心卻充實愉快。現在，這樣的蛙聲只能給他點殘破記憶，越發讓他感到倦怠和脆弱。這時的他倒頗似那位在苦雨齋聽蛙聲的周作人，然而他不會像周作人一樣躲起來作隱士，他自信在夜行軍時聽取蛙聲的機會一定還會再來。

臨清乾燥少雨，尤其是遇上了一九三五年魯西北的那場大旱，王慧蘭咳嗽得非常嚴重，甚至吐血。這一年的六月，趁著暑假，臧克家陪王慧蘭到北平治病。到了北平，他把王慧蘭送進醫院安頓下來後，就去清華大學拜望聞一多先生。他們倆已經五年多沒有見面，當臧克家找到聞一多的住處時，兩人熱情地聊著別後的生活。聞一多跟他談起了《運河》和《自己的寫照》，臧克家非常激動。兩人談興都很濃，可是臧克家惦記醫院裏的王慧蘭，不得不與聞先生匆匆告別。

臧克家從清華大學回來沒幾天，七七盧溝橋事變就爆發了。他聽到隆隆的炮聲，非常興奮，讚頌道：

這炮聲，是中國人民的心聲！
這炮聲，要把近百年的恥辱轟碎！
這炮聲，像沈悶氣氛中的一個爆雷！
這炮聲，將給中華民族轟出一條光明的前路！

——《悲憤滿懷苦吟詩》

七月十九日，他和王慧蘭坐火車回臨清，不想卻和聞一多在非常擁擠的火車站相遇。當時清華大學決定內遷，聞一多先送家人回湖北老家，因爲離亂不得不丟棄了五車書，其中有不少是珍本。臧克家聽了覺得非常惋惜，聞一多卻說土地一片片地丟掉，幾本書算不了什麼。確實，在國家生死存亡之際，只要整個民族都全力投入抗敵，文人做出一點犧牲是值得的。他們兩家坐火車一起坐到德州，在德州匆匆告別，想不到這次見面竟成了他們的最後一面。

臧克家和王慧蘭回到了臨清，學生們見到他們平安回來高興極了。但不久戰火又要迫使他和學生們分開了，十月初，戰火蔓延到山東邊境上，臨清中學宣佈放假，遣散學生們回家。

臧克家無奈地和學生們合影留念，他在一張照片背後寫道：「在一陣神秘的風前，我們作了暫聚的浮萍。」學生們也是依依不捨，在離校之前一次又一次地跑到他的小屋，離別的悲苦瀰漫著整個屋子，逸君低著頭，在一張紙上寫著：「克師，永別了！」忽然又擡起頭來，眼中射出希望的光芒，又寫下了「真的永別了嗎？」臧克家多年以後還淸楚地記得他和這群學生傷感的離別。

和學生分手後，臧克家參加了臨淸中學的教師流亡隊伍，徒步離開臨淸。經過聊城時，他參觀了聊城著名的「鐘鼓樓」。因爲他的曾祖父在這個縣裏做過教諭，所以他小時候就從曾祖母口中聽到過「鐘鼓樓」的名字，想像過它雄偉壯觀的形象。幾十年後的今天，他在逃難的途中目睹了耳聞的勝地，不禁感慨人間世事變化的巨大。

隨後，他們到了濟南。濟南城裏到處是逃難的人，城市上空是飛機的隆隆聲和警報聲。報紙上叫人莫談國事，如果所言屬實那是洩露國家機密，如果所言子虛，便是造謠惑衆，都要受嚴厲處分。城內的空氣如此緊張，臧克家也有些忙亂。當時，「第一中學」和「萊陽師範」都約他去教書，朋友還給他提供一份在山東大學做政訓的工作，他一時也拿不定主意。

在警報的空隙裏，他去齊魯大學看望了老舍先生。老舍先生是文壇上的大家，他的作品常摻雜著幽默，逗人發笑，其實是含淚的苦笑，在戲謔中揭示國民性的弱點。在當時那樣的處境下，作爲一個作家和教授，老舍潔身自好，始終保持人格的獨立，這一點令臧克家非常欽佩。齊魯大學因爲戰亂已經停止了正常的教學，校長走了，學生也離開了。他們看著空曠的校園和滿眼的秋色，都有無限的酸辛之感，談論起戰局和文藝忍不住發出歎息，深感前途的渺茫。

臧克家還到省立醫院看望了受傷的同胞，他們大都是被飛機炸傷的，其慘景讓他流下眼淚。醫院上空還有飛機的影子，濟南成了一座空城。虧得熟人的幫助，他和王慧蘭才坐上了一輛露天貨車往老家諸城趕去。

## 附注

①②③ 茅盾：《敍事詩的前途》，分別見《茅盾全集》第二十一卷，人民文學出版社一九九一年版，第二六五頁，第二六一頁，第二六六頁。

# 第六章　在戰火中高歌

## 一、走進烽火歲月

臧克家和王慧蘭終於回到了闊別已久的故鄉。故鄉還是幾年前的樣子。他們的兩個孩子樂源樂安已經長高了好多，這幾年倆兄弟一直由臧克家的繼母和妹妹帶著。家裏人爲了他們的歸來像過節一樣忙開了，豐盛的飯菜、家人的笑臉讓臧克家多日疲憊的心感到了溫暖。可是，炮聲已經由濟南向諸城逼近，臧克家已不能真正安心待在家裏。他回想起十年前在武漢的戰鬥生活，那時血氣方剛、無所顧忌，瀟灑地在戰場上縱橫馳騁。這十年過得庸庸碌碌，像一匹久經戰場的馬被拴在生活的木槽上。他要擺脫平庸，投入抗日的洪流。

就在臧克家和王慧蘭商量著出走計劃的時候，他遇到了吳伯簫。吳伯簫和他相識已久，早在青島大學時兩人就結下了深厚友誼。這次，吳伯簫率領萊陽鄉村師範學校的師生流亡臨沂，經過諸城。兩人交談之後，吳伯簫邀請臧克家擔任萊陽鄉村師範學校的語文教師，臧克家欣然答應，決定參加這支流亡大軍。這樣，一九三七年十一月，臧克家帶著王慧蘭以及她的弟弟王斐告別了家鄉，開始了他五年的戰地生活。

五年中，臧克家的足迹遍佈江蘇、河南、湖北、安徽、山東、重慶等地。他先來到了徐州，王慧蘭的哥哥王深林是徐州第五戰區司令長官部的隨從秘書。第五戰區的司令是李宗仁，他早就從王深林那裏聽說過臧克家，對他的到來表示熱烈的歡迎，並請他在第五戰區的青年軍團工作。臧克家在青年軍團宣傳科工作了近兩年。徐州會戰開始後，他隨司令長官部和第五軍團轉移到河南潢川。在潢川他和青年軍團的五千多名男女學員一起組織當地的力量宣傳抗日，還組織了「湟川兒童反侵略大會」。但是因爲他和王慧蘭的感情破裂，他帶著內心的傷痛離開了潢川，前往留下他青春記憶的武漢。一九三八年的武漢已經沒有了當年的壯烈，到處是腐臭和頹靡的景象。他寫了《武漢，我重見到你》表達自己對武漢墮落的憤怒，呼喚它再次激蕩起大時代的洪流，給祖國再造一個新生。

不久，臧克家應第五戰區政治部主任韋永成之約，返回潢川，採訪台兒莊大血戰。他三進三出臺兒莊，親身經歷了炮火的洗禮，他以詩人的激情描述戰爭，把戰地風景、受難的慘象和自己的複雜心情融合在一起，寫成了充滿詩意的通訊報道《津浦北線血戰記》。一九三八年七月，第五戰區戰時文化工作團在潢川成立，臧克家任團長，帶領文化工作團深入到河南、湖北、安徽的農村和大別山地區，開展一系列抗日文藝宣傳和創作活動。這一年秋天，臧克家和文化工作團的團員鄭桂文結爲夫妻。

一九三九年四月，臧克家和姚雪垠等人又組織成「文藝人從軍部隊」，到隨棗前線從事文藝宣傳活動，並參加了隨棗戰役，他根據親身經歷寫成報告長詩《走向火線》、《隨棗行》和散文《十六歲的遊擊隊員》等。七月，他和姚雪垠等人開始步行遠征大別山，沿路經過阜陽、蒙城、固始等地，最後來到戰時安徽省政府的臨時所在地——立煌，採訪了安徽省政府主席廖磊，還見到了著名記者史沫特萊女士。初秋，他們沿另一條路返回。這次大別山之行一共用了三個月，行程三千里。姚雪垠有一張會講故事的嘴，一停下來便大講他的女性「三大典型」，或者深情地唱起《一根棒兒》，使這漫長的行程變得輕鬆愉快。臧克家邊走邊寫，一有感觸就在膝蓋上攤開日記本記下來，完成了報告長詩《淮上行》和通訊《淮上三千里》。

一九四〇年十月，臧克家離開第五戰區，在南陽偶遇老朋友三十軍軍長池峰城。在池峰城的熱情邀請下，他去了三十軍，在軍中度過了平靜的五個月。皖南事變發生後，他被迫離開三十軍，在妻子鄭桂文的老家鄢陵休息了兩個多月。爾後他又接到碧野、田濤的電報，讓他一起到三十一軍集團軍工作，但不久他們又受到了排擠。十二月，臧克家被調到河南葉縣的三一出版社，他任副社長並與碧野、田濤一起籌辦文學月刊《大地文叢》。

一九四二年初，由於性格不和，臧克家和鄭桂文分了手。值得慶幸的是他在三一出版社遇到了鄭曼，兩人產生了真摯的愛情。不久，《大地文叢》因登載了進步作品而遭到查封，臧克家和碧野等人憤而辭職。在三一出版社的工作又是一個令他憤慨的記憶，他帶著鄭曼離開了河南，趕赴後方。

這是臧克家五年來戰地生活的縮影。

## 二、戎裝的詩人

抗日戰爭爆發後，國共兩黨合作，建立了抗日民族統一戰線。國民黨軍隊和共產黨領導的八路軍分別在正面戰場和敵後戰場抗擊日軍。許多地方的老百姓也自發組織起抗日武裝同侵略者展開搏鬥。神州大地到處燃起了抗日的烽火，大江南北各地擺開了殺敵的戰場。戰爭成了當時社會生活中壓倒一切、高於一切的重心，成了國人關注的焦點，也理所當然成了作家詩人們描寫的主要題材。

前線戰士壯烈的犧牲，淪陷了的國土上同胞們被殘殺的血跡，流亡道路中難民的眼淚，青年男女為國忘身的偉大精神……這一切使臧克家流下激憤的眼淚，他在這樣激動的心情下寫了大量反映和宣傳抗戰的詩篇。一九三八年他寫了二十多首詩歌，一九三九年近三十首，一九四二年最多，有七十多首。這些詩大部分收在詩集《從軍行》、《淮上吟》、《泥淖集》、《嗚咽的雲煙》中，散文集《隨棗行》也在這一時期出版。詩歌中比較優秀的有《兵車向前方開》、《晴天一個霹靂——寄一多先生》、《三代》、《春鳥》、《向祖國》、《淮上吟》、《古樹的花朵》等。

這一時期，臧克家一改前期謹嚴憂鬱的風格，大部分詩作基調明快樂觀，洋溢著戰鬥的豪情和火熱的愛國主義情感。正如他在詩集《從軍行》的扉頁上寫的那樣：「詩人呵！請放開你們的喉嚨，除了高唱讚歌，你們的詩句將啞然無聲！」

他換上了戎裝，彷彿回到了十年前在武漢的那青春澎湃的歲月。他像一條從涸澤回到浩瀚大洋的魚，要在這大時代的浪潮中翻個身：

我沒有拜倫的彩筆，
我沒有裴多斐的喉嚨，
爲了民族解放的戰爭，
我卻有著同樣的熱情。

我甘心擲上這條身子，
擲上一切，
去贏得最後勝利的
那一份光榮。

——《換上了戎裝》

他在去漢口的車上，寫下了短詩《兵車向前方開》，詩中洋溢著革命的浪漫主義色彩：

耕破黑夜，
又馳去白日，
赴敵千里外，
挾一天風沙，
兵車向前方開。
兵車向前方開。

炮口在笑，
壯士在高歌，
風蕭蕭，
鬃影在風裏飄。

長詩《古樹的花朵》，原題爲《范築先》，臧克家用了差不多一年的時間寫成。這部長詩用二十八個章節記述了范築先從投身抗戰到以身殉國的全過程，是抗戰中第一部長達五千行的英雄史詩。詩人著力謳歌范築先這位抗日英雄，寫他在多次戰鬥中和激烈的矛盾衝突中做出的令人敬佩的選擇。范築先親身參加聊城、濮縣、濟南等地的戰鬥，深入虎穴收編土匪頭子，鎭定地面對愛子陣亡的消息……這些場面真實感人，再現了民族英雄范築先無私無畏、大義凜然的光輝形象。詩人也深入英雄內心，展現他作爲普通人的一面，寫他內心的矛盾和痛苦，生活中的苦和樂，以及參加抗戰前後思想上發生的變化。在《古樹的花朵》的序言中，臧克家說：「他有歡喜，也有眼淚，有決心，也有矛盾，不存心把他寫成一個英雄，只想把他寫成一個和群衆連結著的有血有肉的人。」正因爲如此，他才塑造出一個血肉豐滿的形象。這部長篇史詩是抗戰時期優秀的長詩之一，有著極高的思想價值和藝術價值。

可惜《泥淖集》和《從軍行》中的大部分詩作比較平庸，容易產生現實性的鼓動效果，卻不免空泛，缺少詩歌應有的歷時性回味。烽火固然使他恢復了創作的青春，也同時帶來了稚氣。像《走向火線》這首詩就是由宣傳口號堆積而成的：

需要宣傳，
需要訓練，
粉碎迷信
用理論的鐵鞭。
需要組織，
需要領導，
把這個力量
拉上抗戰的光明大道。

在《新詩，它在開花，結實——給關懷它的三種人》中，臧克家反省了自己這一時期創作上的粗糙和平庸：

當抗戰的烽火把心點灼的時候，詩人們更熱烈，更興奮！革命的浪漫情緒，鼓蕩得心胸發痛，像撲火的燈蛾一樣去撲捉光明，把希望——幾乎是幻想，放出去放得很高，以爲，淤積在心裏的污穢，一下子可以澄清；旋轉在眼前的東西，立刻可以消滅；希望中的樂園，馬上可以從天堂搬到地上。這樣詩人們，在前線，在後方，廉價的感情鼓蕩著他們，饑不擇食的，迫不及待的，痛快地唱出了時代的歌。像在冷靜中回憶戀情的狂熱，自己禁不住問自己，那是我做的嗎？抗戰初期的詩，粗糙，獷野，熱情，它服務於政治比服務於藝術的更多，今天，從夢裏醒過來，睜開深沈的眼睛一看：唔，原來是如此啊。於是反過頭來，往深刻處去挖掘，去探求。對於那生硬的噪音，那逞情快意的急就篇，慢慢的搖頭了。

臧克家的詩友王亞平也檢討了自己這個時期作品的不足：

在前方兩年內寫成的一些詩，雖然不敢存在偷懶，騙人騙自己，但苦功夫下得不夠，不能執著在藝術的創新上，不能從生活到創作一點一滴的盡自己的血汗與精力，那些在浮淺的感情下產生的東西，卻帶著粗劣的宣傳味，與火性的喊叫，多少壯麗動人的題材卻被自己糟蹋了。那些詩宛似生柴生煙蒸的生飯一樣，沒有一點深厚的味道，只給那些戰爭中的可以歌頌的人物、動人很深的故事，畫了一個很不清楚的面貌，一個簡單的輪廓。①

可見，抗戰時大多數詩人的作品都存在這種缺點。詩人的作用在於傳達抗戰任務，他們是號手和尖兵，爲了民族戰鬥站在前線。詩歌當然不再是湖上的清漣，而是海洋裏洶湧的巨浪；不再是林中的鳥語，而是暴風的呼嘯；不再是恬靜的溫水，而是狂奔的激流。臧克家的詩記錄了抗戰初期的民族情緒，以樂觀向上的詩行鼓舞了前線的將士和後方的百姓。抒情方式大多是直抒胸臆的、宣言式的吶喊，這是當時時代所需要的氣氛，「歌唱著戰爭，歌唱著祖國的新生和大衆的解放，歌唱得那麽天真、快樂、自信、堅信，甚至有點喉嚨嘶嗄，聲音粗大也在所不惜，也無暇去顧了。」（《歌唱起來》）事件的文藝性和文藝的事件性成爲一時文學創作的主要傾向，抒情內容的狹窄與淺露，和抗戰文藝宣傳的不成熟正相適應。對於那個特殊的時代，我們應該原諒臧克家詩歌的稚氣和粗糙。

## 三、軍人之友

臧克家離開家鄉後，大部分時間追隨著部隊，部隊裏的好多士兵來自農村。他喜歡聽他們講述死裏逃生的經歷和家鄉的風俗人情。鐵打的營盤流水的兵，何況在日夜遭受炮火襲擊的時候，他總是剛剛認識了一些軍中朋友又匆匆與他們分別。他在安穩的時候渴望聽嘹亮的軍號，可是在今天不知明天將要去何方的炮火裏，他又倍加感到寧靜生活的可貴。他當然全心全意地支援抗戰，可是他更愛自己的詩歌。戰時需要宣傳，部隊卻在不同時候有不同的方向，那是上層的決策，他常常感到自己跟不上風向變換的腳步。比如他在第五戰區時，一聲令下，那麽團結的文化工作團集體就被解散了。他喜歡交朋友，軍隊中的不少官員爲了各自目的利用他們這些文化人，但在任何時候他們也可以翻臉不認人，絕情地趕他出門。這讓臧克家感到自身的渺小，也更珍惜在戰火中建立起來的友誼。跟他結爲患難朋友的有兩個，一個是鍾毅，一個是池峰城。

一九三九年，臧克家參加「文藝人從軍部隊」時，曾來到前線厲山，八十四軍一七三師駐紮在那裏。師長鍾毅是個豪爽的人，他能文能武，叫自己的部隊把書本看得和槍桿子一樣重要，他手下的每個兵都有書，丟了書是要受處分的。他有一些氣魄很宏大的詩句，如：「千秋帝業留陳跡，萬里風雲作壯懷」，「思從馬上平天下，愛上城頭看月明」。臧克家和他一見如故，圍著他聽他講戰場上的驚險經歷，自己也冒著炮火爬上了第一線，在敵人炮火的掃射下經過「萬家店」，他還算幸運沒有受傷。敵人的炮火打到了家門口，爲了他的安全，鍾毅師長給他下了「逐客令」，走時緊緊地握著他的手。但等戰火稍稍平息，鍾師長就從十幾里以外派人馬來接他回去。戰火後重逢兩人都分外激動，鍾毅師長又一次講起了他死裏逃生的傳奇經歷。可惜在第二年的「五月會戰」中，這位可愛的鍾師長爲國捐軀了。臧克家留下了他的許多信件和詩稿，經常睹物思人流下淚來。

池峰城是臧克家在台兒莊認識的。當時池峰城任三十一師師長，在日軍攻佔台兒莊東南面並佔領了大部分城區時，池峰城組織了一支敢死隊與日軍進行肉搏戰，終於奪回了台兒莊四分之三的城區。臧克家很想見見這位英勇的師長，便趕到池峰城部隊所在的韓佛寺採訪。剛剛取得勝利的池峰城心潮澎湃，而且有詩人前來採訪，他更感到自己受到了極大的尊重，所以他談得非常熱情，整整說了一夜。軍人也有寂寞，軍人也需要別人的瞭解和關注，這一夜長談使一個軍人和一個詩人成了好朋友。以後，每當池峰城到第五戰區司令長官部開會時都要到臧克家的住處看看。

一九四〇年十月，臧克家感到自己越來越不能忍受第五戰區的氣氛。抗戰初期那種萬眾一心、蓬勃向上的景象已經消失殆盡，他每天在司令長官部看到大小軍官爲官職奔忙，他們把戰爭看成自己升官發財的好機會，根本不顧生活在底層的士兵和老百姓的死活。臧克家心情鬱悶，這時候他寫的《無名的小星》頗能反映他的心情：

頭頂上落下一頂月桂冠
我只希望自己的詩句
像一陣風，吹上大眾的心尖。

你知道，
時代巍峨在我的眼前，
面對著它，我握緊了筆，
我真是一個笨伯，
怕人喊作「靈魂的工程師」。

我願意作一顆無名的小星，
默默地點亮在天空，
把一天濃重的
一步步引向黎明。

他是農民的兒子，有著樸素的生活願望，唯一的奢望就是寫詩。當他覺得這裏已經沒有純潔的空氣讓他繼續寫詩時，他辭去了秘書職務，離開第五戰區。他的好朋友姚雪垠、田濤、碧野也相繼離開。他先一個人去了趟武當山，站在武當山頂極目遠眺，故鄉的馬耳山離這裏很遠，離開兩年了，它是否還依然那樣青蒼？他現在不能回家，因爲戰火還沒有熄滅，可是該往哪裏去？就在他路過南陽住在一家小旅館時，池峰城敲開了他的門。

池峰城現在已經升爲軍長，他極力邀請臧克家去他的部隊。臧克家想起第五戰區的經歷，感慨地說：「不想再到戰地去了，三年的戰地生活已經夠味了。」池峰城知道臧克家的心思，不管三七二十一拎起他的行李就走。臧克家沒辦法，提出三個條件：「第一，邀請田濤、碧野一起去；第二，由三十軍幫助出版已經編好的故事集和歌謠集；第三，將來出一套戰地文藝叢書。」池峰城笑著聽了，「還有嗎？」「沒有了。」「好，三條全答應你。」臧克家被他的真誠打動了，相信他是個言而有信的軍人朋友。

一九四一年一月一日，他來到了三十軍，田濤、姚雪垠、碧野接到臧克家的信後也先後來到三十軍。軍隊駐紮在湖北南漳縣的一個叫安家集的小鎮，戰火離這裏很遠。池峰城把臧克家當作座上賓，他們同吃同住，無話不談。池峰城身邊的人待他也很好，池峰成手下的三位師長和秘書也都跟臧克家走得很近。特別是二十七師的師長黃樵松也是個詩歌愛好者，經常和臧克家一起討論詩歌。他還寫了一首詩送給臧克家，其中有兩句是：「何必縱橫驚四座，慣從霹靂聽天真。」在這位黃師長的眼裏，臧克家有幾分天真；同樣，在臧克家眼裏，一個在戰火中仍然愛好寫詩的師長，何嘗沒有天真氣呢？他被稱爲「三十軍之友」，排長、報務員甚至普通士兵紛紛拿著詩稿來請他修改，臧克家每天被一顆顆熱情友好的心包圍著，就像在家裏一樣。

可是好景不常，不久皖南事變發生了，國民黨對左派的言論很反感。第二集團軍的總司令孫連仲把池峰城痛罵了一頓，叫他立即把左派文人趕走。池峰城非常爲難，上級的命令不得不服從，他找了個機會把自己的困境向臧克家說明了。臧克家知道他的難處，立即和田濤他們收拾東西。池峰城知道他們這些文人手頭不寬裕，臨走時給了他們每人一些路費。臧克家短短五個月的軍中生活就這樣匆匆結束了。

## 四、感情的野馬

臧克家是個熱情的詩人，感情比較豐富，寫詩歌《老哥哥》時三次痛哭失聲，跑到衛生間扭開水龍頭洗臉，淚水和自來水一起流淌。但他卻很少袒露自己的感情生活，就是對他的朋友和親人也很少提起。五年的戰地生活，在他的生活中來往過四個女性——王慧蘭、鄭桂文、鄭曼、「文曼魂」。

一九二八年他與王慧蘭結婚。王慧蘭意志堅強、勇敢大膽、豪爽外向，像男子一樣有事業心。她有了孩子後還繼續跟著臧克家一起東奔西走，把孩子留在家裏，幾年見不上一次。臧克家和她有著相同的理想和志向，但他們夫妻之間缺少溫柔的默契。他們常常爲了一個問題展開激烈的爭論，最後倆人決定還是平靜地分開。一九三八年三月，他們在潢川離了婚，這距他們離開家鄉才四個月。儘管不在一起了，但對這位十年來跟他患難與共的妻子，臧克家始終充滿尊敬之情，祝福她今後有更幸福的生活。

臧克家與鄭桂文相識於第五戰區文化工作團，當時他擔任團長，團裏共有十四個成員。鄭桂文是開封北倉中學的畢業生，她長得小巧玲瓏，擅長表演，嗓子非常好，在這個十四人組成的集體裏十分活躍。她的天真活潑和熱情感染了臧克家，鄭桂文也很欣賞他的樸實真誠，一九三八年秋天他們在襄樊結婚，成爲一對「戰地鴛鴦」。他們剛結婚就遇上了敵機的轟炸，還沒度完蜜月便投入了緊張火熱的救亡文化宣傳中。結婚後，臧克家發覺他們的性格差別非常大。鄭桂文小他幾歲，非常任性，常爲很小的事情大發脾氣，批評臧克家時一點情面不留。家裏人問起他的新家，臧克家不知該說什麼。他們一起生活了三年多的時間就分開了，臧克家很少提起這場婚變，只在《愛情——生活小集之二》中流露出了當時內心的傷痛：

愛情是火，
它以高度的熱，
吸引著玩火者。
它烘烤著
狂歡和悲傷蒸發出來的眼淚。
它和失眠的眼睛
作長夜的對照，
歎息、焦灼、絕望，
是它吐出來的火苗。
它給人身上
烙滿了創疤，
然後熄滅了——
殘留下冷灰一把。

他似乎不再相信愛情了。心是一座火山，卻被冷風凝成了冰冷的石頭。他也不敢再有美好的希望，認爲希望是開在人心頭的一朵花，只許站在遠處看，不能靠近。

就在他對感情不抱任何奢望的時候，一個年輕的姑娘走進了他的生活。她叫鄭曼，浙江人，從小愛好文藝，讀過他的不少作品。她懷著愛國熱情離開故鄉，在葉縣寺莊的三一出版社工作。一九四一年十二月，臧克家被調到三一出版社任副社長，他們認識了。鄭曼沒想到能經常見到這位她從小崇拜的詩人，便經常和出版社的其他幾個文學愛好者到臧克家那裏請教。臧克家從來不端架子，這讓鄭曼感到非常親切。他們見面次數多了，有時便一起散步談心。在多次的交談中，鄭曼的溫柔和善良打動了臧克家，他終於不顧年齡的差距勇敢地向她表白了自己的情感。鄭曼對他其實早就有好感，也就含羞答應了他的求愛。從此，比臧克家小十四歲的鄭曼陪伴著他一起走過漫長的人生道路。

要全面瞭解臧克家的感情世界，不能不說起《感情的野馬》和其中的文曼魂。長詩《感情的野馬》寫於一九四三年五月，素材來自一九四一年他在三十軍的生活。女主人公文曼魂的原型是「榮譽軍人招待所」的一個年輕的護理員。她就住在三十軍駐地安家集附近，負責給傷兵包紮。她天真純潔、溫柔可愛，給受傷的戰士細心包紮，給他們送去關愛和溫暖。男主人公抱吟是軍中的詩人，他迷戀著文曼魂的一顰一笑，經常一個人到榮譽軍人招待所。可是他已經有了妻子，所以這份愛是隱秘而又是狂熱的：

他的心是一隻風箏，
在她的笑風裏飄蕩、飄蕩。
已經死了的東西
復活了，
中年人心上經驗的鐵箱
（裏面鎖著沈鬱、愁苦，蹉跎和彷徨）
一下子沈沒到陽光的海洋。

……

偷來的愛情
比蜜更甜。
因爲，它的花朵
不開向太陽，
不開向人眼，

它秘密開在我心的花，
我用熱情
向它澆灌，
我用苦水向它澆灌，
……
名義上的夫妻
是一個痛苦的結子，
靈魂，它永遠追著愛，追著清新。

——《感情的野馬》

這是詩人熱情浪漫的愛之傾訴，是昇華了的神聖純潔的理想愛情。這部長詩情感真摯動人，筆致細膩纏綿，與臧克家以往詩歌的風格截然不同。我們不能想當然地推測現實中的臧克家與那位護理員真的產生過愛情，因爲這畢竟是文學作品。但是抱吟身上確實有臧克家的影子，他們的身份和經歷非常相似：都是軍中詩人，都受到軍長和師長的優待，都有一個脾氣不好並且將要生孩子的妻子。所以，抱吟的愛之表白可以看作臧克家那個時期的愛情觀，因爲是在詩歌中，他能大膽發洩情感而較少用理性控制。可惜，這部長詩一直很少受到評論界的重視，《臧克家文集》沒有把它收入去。這恐怕和朱自淸之子沒有把《阿河》（寫他對一個年輕女傭的愛慕）收入文集有相似的原因。

## 五、家書抵萬金

戰地生活一直是忙碌緊張的，臧克家沒有多少時間想家。他在一個雪天收到了家裏的第一封信時，才猛然意識到自己離家已經整整兩年了。這封信幾經輾轉，信封已經皺巴巴的了，地址是七拼八湊得來的。他妹妹在信中說一家人的希望全寄託在他身上，可他這麼久沒有捎個信回去，也不關心關心自己的孩子。他看完了信，心情分外酸楚，不知該如何回覆。他當初是爲了報效祖國才毅然離家，這兩年四處奔波居無定所，除了幾本詩集他別無成就。家裏人一直對他寄予厚望，覺得讀了書在外面闖蕩，總能混上個一官半職。他能說他也活得不容易嗎？他們還不知道自己已經又結了婚，快要有第三個孩子了。自己這輩子是難做官了，戰火紛飛，他連自己的命運都無從把握，何談升官發財呢？但如果這樣據實回信就太殘酷了，家裏人哪裏還有個盼頭兒！

他再三猶豫後才動筆。信中說自己是個不會當官的人，不過在外一切都還好。孩子還是請他們帶著，他將來回去一定挑起家裏的擔子，讓他們過幾天好日子。他盡力說得比實際好一些，爲了讓家裏人相信，他還寄回去幾萬塊錢（相當於現在的幾百元，當時一個雞蛋要三四十元），並寫信拜託幾個在家鄉的朋友幫忙照顧。果然，這封信讓全家人興奮了好久，妹妹再次寄來的信上滿是喜悅的口氣，她告訴他那幾萬塊錢的用處，還寄來了兩個孩子和她的合影。臧克家久久地看著照片，妹妹長成一個大人了，已沒有了當年的天真；兩個孩子多麼可憐，生下來到現在跟爸媽在一起的日子屈指可數。他只能這樣安慰家人也安慰自己：嚴冬不會太久，春天就在後面。

他盼著家信，想著家裏孩子的樣子，惦記著故鄉的一切。可信真的到了手裏時他又不敢打開，因爲每封信都給他帶來憂愁，告訴他比想像壞得多的事實：

幾十畝田產被收了，全家大小，被迫離開居住了幾百年的老家！東西全被搶光了，剩下的只有十幾張吃飯的口，流落在異鄉，冬天穿著夏天的衣裳，以前一天吃的飯，現在得拿它維持十天——維持著生命一線不斷。孩子餓得哭，大人傷心的哭。他說：家人想到我，像在地獄裏看到了一線天上的光……

——《家書》

他該怎樣安慰悲苦的家人呢，自己真的可以承擔他們的希望嗎？家裏人每次都嫌他的信太短，他不是沒話說而是不知怎麼說。自己在外面過得也不如意，感到前途的渺茫。除了說自己「很好」「很好」外，他只能朝著家鄉的方向發出酸楚的歎息。

## 六、無情的放逐

一九四二年，臧克家在河南葉縣三一出版社任副社長，協助社長王德昭編輯出版文藝叢書。當時華中日報社也設在葉縣，他的朋友杜宇任主編。臧克家和杜宇商定按抗日民主統一戰線的立場編報紙、寫社論，盡可能擠掉一些不利於團結抗戰的內容。這份報紙有文藝副刊，以此爲核心，臧克家與碧野、田濤一起創辦了一個文藝刊物《大地文叢》。一九四二年五月一日，由華中日報社印行的《大地文叢》創刊號出版了，印了二千冊，寄到重慶五百冊，很快就賣完了。不久，三十一集團軍總司令湯恩伯接到重慶當局的報告，說《大地文叢》上刊載了林煥平譯的《創作方法與藝術家的世界觀》和徐盈、姚雪垠等人的作品，有左的傾向。湯恩伯打來急電要求查辦《大地文叢》，查封《大地文叢》，三一出版社的圖書社也遭搜查，收走了《資本論》和高爾基的一些小說。

臧克家看著出版社內的滿地狼藉，無比悲憤。他滿腔熱忱投入抗戰，如今卻落得這樣一個下場。在第五戰區時他親手組織的戰地文工團被解散；在三十軍，池峰城軍長和他是多年的朋友還是不能把他留在軍中；後來在三十一集團軍文化工作委員會工作時，又被懷疑爲共黨分子受到監視，只好離開……軍隊裏的空氣變幻無常，就像那紛飛的彈片隨時會炸毀他辛辛苦苦經營起來的一切。他想在中原開闢一片文化園地的願望受到無情的打擊，他是必須離開這裏了。五年來他一直沒有停下過筆，寫了幾百首抗戰詩歌。他是和王慧蘭一起離開家鄉的，如今陪著自己的已經是鄭曼了。這幾年的戰地生活他苦多樂少，依然是一個清貧的書生。離開葉縣時他行囊空空，靠賣了自己的一些書又向同事借了些錢才湊了筆路費，帶著鄭曼踏上了去戰時首都重慶的漫漫長路。

**附注**

①王亞平：《抒情時代·敍事年代》，《時與潮文藝》一九四五年第五卷一期。

# 第七章　重慶生活

## 一、又一次碰壁

從河南到重慶是一段艱難的旅程。臧克家等人頂著炎炎烈日在乾燥的中原大地上走著。驕陽似火，他們身上的軍裝濕透了又蒸乾了，三雙千層底鞋被磨穿了洞。在湖北境內，他們爲了抄近路，經過一座八百里的荒山，在叢林草莽間的羊腸小道上跋涉；又渡過著名的險灘西陵峽，終於在一九四二年八月十四日平安抵達重慶。

當他們歷盡艱辛、一身疲憊地出現在重慶的街道上時，路人卻對他們投以鄙夷的目光。敵人的機關槍不曾讓臧克家顫慄，而現在，在重慶這繁華得叫人眩暈的大街上，他感覺自己像是一個誤入了天國的叫化子，差點流下淚來。夢想又一次和現實碰壁了！四年前，他在《武漢，我重見到你》中呼喚武漢抖去一身的腐臭和頹靡，給祖國再造一個新生。今天武漢還是昨天的武漢，而且又多了一個燈紅酒綠的重慶。這五年他在前線滿腔熱情地奔忙呼喊有什麼效果呢？灰暗的心情、長途的跋涉、再加上受了風寒，臧克家病倒了。從葉縣帶出來的錢已經所剩無幾，他心情煩躁到了極點，痛苦而憤慨地讓靈魂和肉體展開對話：過去的半生，感情的風波、富貴的浮雲、名利的繩索都曾讓他痛苦；他在時代的激流裏茫然地站著，站在不進則退的潮流中；他曾因爲受到冷落而難耐寂寞……現在，如果他不能對自己作出明確的抉擇，也將會墮落腐化。他在內心鼓勵自己一定要振作起來，堅決拋棄苟安和姑息，向著新的人生目標邁進。

臧克家終於在「文協」找到了棲身之地。「文協」的全稱是中華全國文藝界抗敵協會，於一九三八年三月二十七日成立，坐落在張家花園六十五號，匯集了全國各地的作家，作家老舍是「文協」的常委兼總務部主任。臧克家與老舍一九三七年在齊魯大學見過面，在老舍家吃過飯，那時他們都爲自己的出路擔憂。分別後，他們都以筆爲槍參加了抗戰，五年後的今天又不期而遇團聚在「文協」。臧克家見到老朋友感到分外溫暖，在文協這個大團體裏，他受傷的心漸漸開始癒合。

一九三八年八月十六日，「文協」爲歡迎臧克家的到來召開了一個茶話會，臧克家和鄭曼就在這個簡單的茶話會正式結爲夫妻，朋友們熱情地爲他們祝福。婚後，臧克家的生活寧靜而溫暖。他時常拉著老朋友姚雪垠、梅林等出去散散步。路過一個煙攤時買幾根劣質煙過過煙癮，有時到小飯館裏吃頓「擔擔麵」打打牙祭。戰時的作家都很窮，老舍曾在《戒煙》中說他的一個老朋友幾年來多次下決心要戒煙，因爲煙太貴了，可是他的手指一直是黃的。有了煙，作家可以在焦苦的煙味中琢磨人生的滋味，產生創作的靈感。夜深人靜的時候，臧克家就在窗下寫作，直到張家花園沈入了夢鄉。

## 二、泥土的歌

文協環境安靜，臧克家開始潛心創作，寫了《手的巨人》、《他回來了》、《反抗的手》、《鞭子》等五十三首短詩。這些短詩匯集起來組成了詩集《泥土的歌》於一九四三年六月出版。

《泥土的歌》是臧克家繼《烙印》之後又一部成功的短詩詩集。它當中有許多精彩優秀的短詩，如一直爲人稱道的《三代》：

孩子
在土裏洗澡；

爸爸
在土裏流汗；
爺爺
在土裏埋葬。

短短六句，以高度濃縮的形象畫面概括出了中國農民累世百代的苦難境遇，引起人們深長的思索和回味，真正達到了「情與景會，事與心諧，含蓄沈湎，百煉千錘」的藝術之境。

又如《眼睛和耳朵》：

我的眼睛，
能從晚照裏
看出第二天的陰晴，
我聽得出，
哪種鳥兒
能喚來雨，

呼來風，
「布穀」開口
叫農人下坡，
天河一彎，
就吃新米「乾飯」，
紡織娘叫，
紡花車就轉，
蟋蟀唧唧一聲，
跟著來個秋天……
在洋場裏，
我是枯魚一條；
在鄉村，
你說哪一樣我不地道？

他的耳朵仔細地聆聽著故鄉的訊息，眼睛留連著那裏的一山一水，像一個純樸的農民那樣驕傲地向人羅列著那裏的四時節氣，對故鄉的迷醉和喜愛溢於言表。鄉村是他情感的海洋，生命的搖籃，他不是用觀念、用口號、用智性去空洞的歌頌，而是把整顆心、全部愛都交給了鄉村和農民，在故鄉的懷抱裏唱出了真摯自然的醉歌。

無論在藝術上、情感上還是美感上，《泥土的歌》都超過了他在抗日戰爭中的詩集《從軍行》和《泥淖集》。美國學者別因談到《泥土的歌》時稱作者是當代中國詩壇上一個非凡的人。蘇聯學者契爾卡特基寫道：「這是一部十分個性化的集子：它平和，從容（在狂熱的激動的詩篇之後），它說真話，善良，形象；它自始至終都具有中國的風格。」①香港學者司馬長風認爲：「該集中《手的巨人》一首最能表現詩人對農民的摯愛」，它「寫農民的笨拙，卻擔負著民族的命運，面上雖有泥土，但也有風雲，可使『貴人』震顫，是改變歷史的可怖力量。極深長有味，粗枝大葉的讀者不容易玩索出它的意趣」。②《泥土的歌》成功的原因是臧克家是農民之子，鄉土是他最擅長和熟悉的題材，駕馭起來自然得心應手。再者，「文協」的寫作環境比起戰地安靜多了，他可以沈下心來仔細推敲，不必爲了一個抗戰形勢宣傳任務匆匆下筆。

臧克家本人對這個詩集的評價也很高：

《泥土的歌》是從我深心裏發出來的一種最真摯的聲音，我溺愛、偏愛著中國的鄉村，愛得心癡、心痛，愛得要死，就像拜倫愛他的祖國的大地一樣。我知道，我最合適於唱這樣一支歌，竟或許也只能唱這樣一支歌。

——《當中隔一段戰爭》

文協一年，他還寫了《生活小輯》，把在三十軍的生活和情感經歷創作成了長篇敘事詩《感情的野馬》，寫了散文《我的詩生活》。這篇散文記述了從他出生到一九四二年戰地歸來這三十多年的生活經歷——提供給他詩歌根芽萌發土壤的家庭環境，帶領他走上詩歌道路的族叔，在濟南度過的充滿苦悶和興奮的四年中學生活，大革命時期在武漢握槍討伐叛軍的火熱場景……那一幕幕恍若昨日，他用詩人的激情和散文的筆調寫來，波瀾起伏、情感充沛，只用三四天時間就完成了這篇幾萬字的回憶錄。

## 三、生命的秋天

一九四三年夏初，經賑濟委員會常委佘心清的介紹，臧克家在賑濟委員會得到了一份薪水較高的工作——負責編輯一本四萬字的季刊《難童教養》，這份工作非常輕鬆。在佘心清的邀請下，臧克家夫婦到歌樂山賑濟委員會留守處安了家，八月份遷到了歌樂山，有了一個屬於自己的小窩。鄭曼也在歌樂山的戰時兒童保育會兒童療養院找到了工作。

臧克家住在一所農家小院內，有三間房子，後面還有三個通間，地方比較寬敞。打開門，擡眼就能看到連綿的青山，山上翠竹亭亭，不時傳來鳥雀的歌唱。他的院子裏，公雞打鳴，母雞咯咯，牛兒哞哞。每天早晨，他聽見熟悉的腳步從窗前經過，貧苦老實的房東李老漢扛著鋤頭下地了，他的兒子牽著牛去犁地，兒媳在挑水澆菜……這一切都充滿了田園之趣。

他尤其喜歡李老漢的小孫子黑娃。黑娃那天真的、討人喜歡的聲音溫暖了他的心。他愛抱抱他，親親他，孩子是多麼可愛啊！家裏的樂源、樂安不知現在長成什麼樣子了。一想起他們，他就覺得自己是個罪人。自己常年在外，孩子一生下來就把他們丟在家裏，讓母親和妹妹帶著。孩子幾乎把姑姑當成了媽媽，他的妹妹爲了照顧這兩個孩子也犧牲了自己的青春，現在三十多歲了還沒有結婚。小叔叔在家裏艱難地維持著一家的生計，現在已經帶著一家人投靠到城裏的親戚去了。爲了寬慰老母親的心，小叔叔造了兩封「僞家書」，叫妹妹取回來念給母親聽。

他想起家裏人爲他做出的犧牲就心酸，可他沒有辦法，戰時靠賣文度日非常困難。他吃的是平價米，早餐五個人，不到半斤米，勺子在稀飯盆裏一攪，一半是浮米，一半是沈砂。物價指數直線上升，他自己維持溫飽都很不容易，更顧不了那裏的一家老小。事實上，當時的大多數文藝工作者生活都處在貧病交迫的境地：「一九四四年西南八省戲劇展覽會提供了一個資料：參加展出的會員五百三十人中，患肺病的有五十三人，打擺子的有二百一十二人。

葉紫病死時，連入殮的錢也沒有；王魯彥病死時，連買件襯衫的錢也沒有；洪深因政治、生活等的無出路而服毒自殺（未遂）。……其狀況，就如『文協』援助貧病作家啓事中所描述的：『近三年來，生活倍加艱苦，稿酬日益低微，於是因貧而病，因病而更貧；或呻吟於病榻，或慘死於異鄉，臥病則全家斷炊，死亡則妻小同棄。』」③

桂林文藝界爲在貧病交迫中死去的王魯彥舉行了隆重的追悼大會，臧克家寫了追悼文章《窮身子硬骨頭》。在民族危難之際，照樣有不顧人民死活、發著國難財吃喝玩樂的民族敗類。他儘管住在這寧靜美麗的山村，內心卻無時不在生活的熱浪裏激烈地波動著，飽嘗了生命的苦澀。他又開始經常失眠，和朋友談天時一碰到現實問題就忍不住破口大罵，並發表了很多抨擊時事的文章，如《生活的型》、《當記憶在它頭上飛翔——贈雪垠》、《才一年——抵渝周年祭》。他一方面感到了宣洩自己憤懣、擊中敵人的痛快，但一方面他又爲自己的安全擔憂。年屆不惑的他還像年輕時那樣愛衝動，可是他已不能瀟灑地對自己的人生之路作出新的抉擇了，偶爾爆發一下也要深深自責，怕因爲逞一時口舌之快而斷送了眼前這平靜安穩的日子。

四十歲的臧克家開始進入生命的秋天，當初的絢爛沸騰開始歸於單一沈靜。一九四四年十月，他迎來了自己四十歲的生日。重慶文藝界爲他的四十壽辰和創作十五周年舉行了盛大的紀念茶會，臧克家和鄭曼從歌樂山鄉下趕來參加。會上的氣氛非常熱烈，姚雪垠特地作了《生活、思想、語言》一文，對臧克家的詩做了一個總體的評價和研究，「聊作爲克家兄生日的小小禮物」。聞一多從昆明寄來了《詩經．天保》大篆條幅致賀，臧克家的詩友呂劍主編的《掃蕩報》副刊爲臧克家的生日出了紀念刊。

臧克家也爲自己的生日作了《生命的秋天》一詩。通過這首詩，我們可以見到他對自己過去生活的反思和由此產生的內心矛盾。生活曾給他打開了兩扇大門，他背負著火熱的理想和不合時宜的天真熱情前行，路上滿是曲折坎坷。他像一輛遠行火車跋山涉水，經過了田野、樹木、村莊、戈壁，匆匆開進了四十歲的站口。他回頭望去，青春的歡樂和悲傷都在不遠處，可已經是再也抓不回的前塵。尤其在詩的最後一部分，他非常坦率地說：

四十歲，必須戰勝自家，
從老幹上抽一枝新芽，
（我正在作著慘烈的鬥爭！）
四十歲，另換一雙眼
重新去看。

理性告訴我「是」的，
情感須得從心裏也說「是」，
另給自己的眼睛、耳朵、口和心，
安排一套新鮮的感覺、口味、顏色和聲音，
讓整個的心浸潤在裏邊
像魚游泳在水裏，
我必須變成群衆裏面的一個，
像我曾經是孩子隊裏的一個一般；
我必須再造歡樂的、「歡樂的悲傷」的
第二個童年。
我將用心去吸取生命花朵，再釀造，
然後吐出來去營養別個；
我將用「手」治療自己的
憂鬱病、感傷病、神經病、心病——
知識份子病；

我高興可以舒舒坦坦地活著，
活在光明的照耀裏，呼吸著
群衆呼吸的氣氛，我情願摘下詩人的冠冕，
做一個平平常常的人。

——《生命的秋天》

臧克家希望做一個平平常常的人，真切地體味著生活的滋味。他愛出去走走，尤其喜歡趕集。趕集時人們從各條小路上走來：老太婆挎著一個小提籃，裡面放一點穀糠，躺著幾個雞蛋，她是要用它們去換一點鹽巴；小媳婦抱一隻老母雞，抱得那麼親切那麼小心，有點不太割捨地去把它賣掉換幾升白米回家；一個老頭子肩上背著一個小口袋，手裡提著一個小桐油壺，一步一踉蹌地走過來了……臧克家饒有興味地看著這些富於生活意味的場景，看著一個個活生生的可愛形象。他覺得同生活在各種環境的窮人接觸、攀談是非常幸福的感受，就像一個寒冷的人靠近了溫暖的爐火。

他常到家附近的菜園或農田裡勞動，翻泥塊的時候聞到泥土的氣息，好像又回到了故鄉。他裸著臂膀，握緊鋤頭，讓陽光照射在他汗津津的額上和背上，享受農民的樂趣。可是他與農人靠得再近、幹得再賣力，他也不是一個完全意義上的農民了，十五年的詩人生涯使他總是被知識份子深廣的憂慮和感傷纏繞著。他要求自己緊跟著時代前進的腳步，儘快看到美好生活理想的實現——辛勞的人們能用雙手獲得自己的生存權利和幸福。他愛那些一輩子在土地上勞作的人們，同時也看到了他們的愚昧和保守——馬耳山還是從前的馬耳山，那些爲生存苦苦掙扎的鄉親大都還是在重覆著昨天。他希望他們能吃了智慧的果子從蒙蔽中覺醒。可是智慧的果子在哪裏？他能引領他們走向光明的樂園嗎？他連自己都不知該如何走往後的路，只能勸慰自己繼續品嘗生活的五味：

是生命怕我嫌它太平凡，嫌它太單調，嫌它太乏味，嫌它太空虛？它給了一次又一次的艱險，使我以幸而不死的身心體味著生命的意義；它給我悵惘，給我多量的悲苦，少量的快樂，使我體味太複雜的生活的本體；它把我嘴裏塞滿了黃連，再雜上苦椒的辛辣，爲了味道的齊全，也摻點點甜美，這是很少很少，而且一上口，也就變成苦頭的了。生命怕我嫌它空虛，它使我用回憶的沈重充實它；它使我用希望的心跳，失望的萎頓充實它；它使我用陰沈的心情，不平的亢憤，變節的情愛，翻臉的友誼充實它；它使我用淚用笑，用笑裡的淚，淚裡的笑充實它……

——《回首四十年》

# 四、兩首特別的敘事詩

臧克家在重慶寫的詩文大都以現實事件爲基礎，或歌頌抗日英雄，或揭露黑暗，或抒發自己憤怒鬱悶的心態。但在一九四三年他寫了兩首內容和風格與平時創作迥然相異的敘事詩。這兩首詩都與愛情有關。一首是《賣狗頭罐子的》，根據一個民間故事改寫而成。一個健壯的青年擔著狗頭罐子走街串巷，與各個村子的老太婆小媳婦打交道，掙幾個可憐的銅板。閒時他拉起胡琴，用琴聲訴說自己的身世、寂寞和傷心。他的琴聲打動了一個美麗的姑娘，她有「桃花一樣的面龐」「三月一樣的青春」，用「寂寞封鎖著一扇心門」。這琴聲像一把鑰匙打開了她的心，她夜夜聽胡琴，想像著拉琴人的樣子，漸漸消瘦下去，害起了相思病。姑娘的母親爲了挽救她，在店家婆婆的幫助下安排了兩個年輕人見面：

一個有月亮的夜晚，
桃花在微風裏放香，
月亮把它的枝幹
描上了東牆。

——《賣狗頭罐子的》

這樣的情景何等美好，姑娘整理打扮，等小夥子的到來像是等一位救苦救難的菩薩一樣虔誠。可是見面後，她發現自己朝思暮想的情郎原來是一個大黑痲子，她非常失望，相思病一下子就好了。

兩人見面後，那位滿臉痲子的小夥子每夜更加起勁地拉著胡琴，可是美麗的姑娘再也沒有出現。這下輪到小夥子害起了相思病，不吃飯不說話地躺在床上，也無心去做小生意了。小夥子他拜託店家婆婆請姑娘來看他，可是姑娘在他熟睡時悄悄過來，給了他雙鞋就走了。小夥子抱怨自責，最後鬱鬱離開人世。

《賣狗頭罐子的》是一個淒美的愛情故事，風格有些類似《感情的野馬》。但較之《感情的野馬》，這首詩沒有臧克家的個人經歷在內，他幾乎像一個小說家那樣自由地展開想像，精心的設計情節描繪場景，情緒上更加自由放鬆。透過這個愛情故事，我們似乎可以看到臧克家在表達這樣一種心緒——等待時的熱望，走近時的失望，美好的希望就像詩中的愛情一樣難以實現。

牛郎織女七七鵲橋相會的傳說家喻戶曉，臧克家用俏皮活潑的口吻，大膽生動的想像創造了敍事詩《牛郎和織女》。三月三，是春天裏的春天，牛郎在神牛的提醒下往仙女洗澡的澗水趕去：

他用了不是自己的腳步
踏上了田野，柳條像新嫁娘
在風前賣弄風情，
燕子把天上的歌曲
唱給人間，杏花是青春的胭脂，
踏青的女郎像天上來的神仙。
牛郎，他順著印滿蹄花的路子走，
這條路，他每天來回走幾趟，
今天，走上去他覺得不一樣，
半空中彷彿響著無數的翅膀

——《牛郎和織女》

他抱住了織女的衣裳，也抓住了自己的愛情。織女跟他開始過起了甜美的田園生活，給他生了兩個孩子，可是仍留戀著天上的生活。憨厚老實的牛郎忘了神牛的告誡，把仙衣從枯井裏打撈出來，又禁不住織女的勸說讓她穿上了仙衣。哪知道織女穿上衣後就飛上了天空，牛郎踏上了用神牛的皮做成的鞋去追趕，就在快追上時被王母娘娘的金釵攔住了。從此「人間的鳥雀全去爲愛情搭橋，站在端陽節下種的扁豆架下，可以聽到悠悠的哭泣……」

民間傳說一般把譴責的矛頭指向王母娘娘，她是破壞牛郎織女愛情造成悲劇的罪魁禍首。而臧克家的詩中，織女自身也對悲劇負有不可寬恕的責任，她不安於人間的生活，用謊言騙取了牛郎的信任逃回天上。愛情中的雙方，只要有一方不滿足於現狀就不會幸福。這兩首詩也算是年近不惑的臧克家對生活和愛情的體悟。

## 五、尷尬的勝利

抗戰到了後期，開始透露出勝利的曙光。賑災委員會撤銷了，臧克家隨之失業了，沒有了固定的薪水。他完全靠「筆耕」維持生計，生活的壓力十分沈重，他的心情很灰暗。一九四五年春發表的詩《淚》就是在這一時期寫的：

你已經生活在
你哭泣著要去的地方，
爲什麼，你的眼睛

還不放晴朗？
淚，淚是什麼？
該不是，
要贖回過去
抛出去的珍珠，
而是它的塋墓。

不僅生活狀況不如意，他還爲自己的人身安全擔憂。各地報紙上經常有許多文化人和演劇隊的人莫名失蹤的消息，他每天每夜都是提心吊膽的活著，有這樣一種感覺：活在中國就像活在一個極可怕的野蠻地方，而自己又不幸把居留證失掉了。

白天，他愛站在小山崗上向東邊的路上遠眺，有時有武裝的軍人或是陌生人走過了山腳下的那個小村子，走近了岔路口，他就緊張起來。一直到他從指頭縫裏看見那個陌生人往相反的地方去了，他才把手放下來，鬆一口氣。夜裏，他總把寢室的門閂得牢牢的，外邊的大門也要從裏邊上好鎖。臨睡的時候他還要親自去摸一摸門鎖才放心。他常是失眠，不能踏踏實實地睡一個好覺。一聲狗叫，一點腳步聲，一隻老鼠在樓板上亂竄都會使他從睡夢中驚醒，心噗噗地亂跳。他有時覺得自己這樣過分緊張真是好笑，但他又覺得小心提防總是必要的。他回想起自己一九二七年參加大革命，後來逃到關東，要不是憑著極端的機警，就是有三條性命也活不到今天。

一九四五年八月九日晚上，九、十點鐘的時候，臧克家與兩個工友在屋外乘涼，突然看到天空中有一道白光，從前面的屋頂上升到高空，又很快地落下去。這白光就像誰打著手電在天空裏尋找什麽，頻繁地升起又落下，落下又升起。他趕緊把鄭曼喊出來，她說是探照燈，又有人說可能是空襲。臧克家心一沈，自己胡思亂想起來。夜已深，十二點多的時候他才回到屋裏。半夜裏他突然聽到了一陣喊聲和敲窗的聲音，他立即醒了。他作了最壞的打算，他們肯定是來「侮辱」自己的，他用顫抖的聲音跟鄭曼說了「我得逃」後，便從通向菜園的偏門出去往南跑。山林中的樹枝和荆棘不時刮到他的衣服。冷風吹過，他才意識到自己只穿了一件襯衫，一條黃布短褲，不禁打了個寒顫。他又想到鄭曼這個時候不知在遭什麽罪呢，彷彿聽見她呼喊、掙扎、哭泣求救的聲音。他對她懷著深深的歉意，自己作爲一個男人在關鍵時候沒有留下來保護妻子。遠處的又一束燈光和狗吠聲打斷了他的聯想，他命令自己硬下心腸趕快走。一路上他思前想後，不小心摔倒在水稻田裏。他手上和腿上全是泥水，渾身狼狽不堪。他顧不了那麽多了，一隻手提著鞋，一隻手夾著濕漉漉的汗衫繼續往前趕。探照燈不停地掃射著，他在田埂上快跑著，又摔了一次跤。爲了躲開人，他跑到附近的墓地裏，摔倒在崖底的草地上。他渾身是汗，越來越近的說話聲像是四面楚歌。他幾乎絕望了，四處找鞋子，他想用這雙鞋子占卜命運。「啊！」他找到了一隻鞋，把它緊緊握在手裏，又把它貼在胸脯上用嘴輕輕吻了一下。隔了一會兒，第二隻鞋也找到了。他覺得生命又有了希望，爬到墳前的石碑上爲自己的將來祈禱。

總算在天濛濛亮的時候，他逃到了友人楊晦家裏，躺在床上稍作休息，忽然聽到一個狂喜的聲音：「日本投降了！日本投降了！」「昨天夜裏，重慶一夜狂歡，火爆賣到五千元一小串！一萬元也要放！」「難怪昨天夜裏，探照燈一直沒有停。」

臧克家聽到這裏，愣住了。他這才明白昨夜的探照燈是爲了慶祝抗日勝利。朋友看到他一瘸一拐狼狽的樣子說：「以後，遇事沈著點，我們已經是四十以上的人了。『事業』在我們比『死』應該還重要。」

他慚愧地說：「是的，一個人在將死的時候才覺得自己曾經做過的事情實在太少了！」

中午的時候，他在朋友家裏見到了鄭曼。

「真是！」鄭曼說這兩個字的時候，抱怨中有同情，憐憫中有歡喜。

「抗戰勝利的喜訊傳來，丁瓚他們約了些人，喝了酒，狂歡到我們家來了。後來，我們追你，站在山頭上喊，你沒有聽見？」

「你不是叫我『快跑』嗎？」他有點尷尬的說。

「鬼叫你『快跑』。」大家都笑了。

在朋友家吃過飯後，臧克家換上鄭曼帶來的衣服，拄著一隻黑手杖一瘸一跛地走回家去。他走幾步就停一下，看一看遠處的青山，近處的流水、稻田，彷佛第一次看到它們。碰到一個不認識的挑擔子的人，他很熱情地招呼人家，學著四川話說：「這麼熱的天氣，大樹下歇歇腳再走吧。」他讓鄭曼走在前面，欣賞著她的身姿，覺得結婚以來她今天的樣子最美。

回到了院子裏，房東一家老小圍上來，鄰居和小工友笑著迎過來，他有點害羞地低下頭去。房東的孫子又跑過來叫他抱，兩隻狗跑過來親熱地抓著他的衣服。他回到自己的房間，看見房門上寫著：

「隨（誰）人來得早。

下（嚇）的張（臧）先生跑。」

他看著這兩行粉筆字，苦笑了一下。他就是這樣狼狽地迎接了渴盼已久的抗戰勝利，多麼可笑又可悲啊！

四天後，日本正式宣佈無條件投降，一個苦難的時代似乎可以宣告結束了。鞭炮聲、鑼鼓聲、狂歡聲響徹了全中國，空中瀰漫著爆竹的味道，人們奔相走告，酒樓茶館裏終夜顧客不斷，許多人傾囊買醉歡呼狂飲。勝利給人們帶來了過上幸福、團聚、和平、安定生活的希望。

## 附注

①契爾卡特基：《戰爭年代的中國詩歌》，蘇聯科學出版社一九八〇年版。

②司馬長風：《中國新文學史》下卷，二〇七頁。

③蘇光文編：《抗戰文藝紀程》，西南師範大學出版社一九八六年版，第二五一——二五二頁。

# 第八章　在民主的浪潮裏

## 一、真誠的讚頌

抗戰的勝利給苦難的中國人民帶來了短暫的欣喜，人們以各種方式慶祝這難得的和平。在西南聯大教書的聞一多先生聽聞抗戰勝利的喜訊，立即剪去蓄了幾年的長鬚。幾年不來往的鄰居相互串門分享勝利的喜悅，大街上鑼鼓聲鞭炮聲此起彼伏，多年未見的老友相聚在茶館酒館長話這八年的艱辛。

然而，國民黨和共產黨政治上和經濟利益上的矛盾也隨著抗戰的結束而尖銳起來。當全國規模的內戰還沒有爆發的時候，大多數人對這個問題認識得還不是很清楚。因爲抗戰已經打了八年，人們對戰爭深惡痛絕，無論是物質上和精神上都承受不了再一次開戰的痛苦。況且，當時反法西斯同盟國還保持友好關係，波斯坦條約、莫斯科三外長會議都提到了國際合作、維持世界和平，支援各國人民獨立民主的願望；美、英、蘇三國共同保證不干涉中國內政，這些都助長了人們對長久和平的幻想。

一九四五年八月二十八日，爲解決戰後的和平問題，毛澤東周恩來等共產黨代表來到重慶參加與國民黨的談判，受到了重慶各界的熱烈歡迎。九月一日，臧克家趕到重慶城裏，恰好那天下午毛澤東周恩來從觀音岩中蘇文化協會出來，臧克家和成千上萬的群衆跟在後面一直跟到曾家岩五十號。不久，毛澤東在張治中公館舉行了文化界人士座談會，臧克家應邀參加。在會上，臧克家問毛澤東：「爭取團結、民主、進步，辦得到嗎？」毛澤東很有信心地說：「雪山草地都過來了，沒有爭取不到的事情！」臧克家聽了後非常激動，開始對毛澤東產生崇拜心理，以何嘉爲筆名寫了長詩《毛澤東，你是一顆大星》：

毛澤東，你是一顆大星，
不亮在天上，亮在人民的心中，
你把光明、溫暖和希望
帶給我們，不，最重要的是鬥爭！
你舉著大旗，一面磁石，

從東南向西北，激流一樣地衝擊

……

我們卻認定你是一個

頂偉大的人，頂能戰鬥的人，

把生命，希望，全個兒交付給你

……

毛澤東，你是全延安，全中國，

最高的一個人，

你離開我們千萬里，

又像在眼前這麼近……

爲了打倒共同的敵人，

你主張團結，抗戰勝利了，

你還是堅持團結，

因爲你知道，今天人們要求的不是內戰，

是和平，是民主，是建設，

用自己的胸膛
裝著人民的心，
你親自降臨這戰時的都城，
做了一個偉大的象徵。
從你的聲音裏，
我們聽出了一個新中國，
從你的目光裏，
我們看到了一道大光明。

由這首詩的題目我們可以自然聯想到他在一九四〇年寫的一首詩《無名的小星》，詩中臧克家把自己比作一顆無名的小星，願意默默地點亮在天空，把濃重的夜色一步步引向黎明。他認爲星星「密密的貼近著，但不互相排擠；它們每一顆，從生命的本體放射光輝，去照耀，去啓示，去表現自己的存在，但是卻不互相遮掩，反而是彼此輝映，造成一個燦爛的世界。它們把自己匯入一個光明的海，但又不失掉自己。……星星是天上的群衆，它們是渺小的，然而也是偉大的集體。人，是地上的群衆，他們是渺小的，然而也是偉大的集體。」

他在《毛澤東，你是一顆大星》中表達的對偉人和英雄的崇敬似乎與他所奉行的星星主義矛盾，但這個時候臧克家的歌頌還是發自肺腑的。因爲毛澤東爲了抗戰勝利和民族解放發揮了自己最大的力量，現在又不顧個人安危來到重慶談判，他在臧克家心中確實是人民的英雄，英雄的光輝來自不畏犧牲、不計私利的偉大人格。而且臧克家一直在國統區生活，他把革命根據地延安想像成一個理想之地：在延安人民有權力唱出自己心愛的歌，尤其是詩人小說家可以隨著自己心願寫自己心愛的詩句和小說，這使飽受言論不自由之苦的臧克家分外嚮往。因此他不惜用「大星」來歌頌崇敬毛澤東，既是出於他對和平、民主、建設急切的呼喚，也是對文藝工作者能夠不受政治壓迫、自由創作的真誠期待。

## 二、尖銳的呼喊

隨著內戰的開始，通貨膨脹使米價以幾十倍甚至幾百倍的速度上漲，混亂的金融政策和低下的購買力使許多家工廠倒閉，這又造成了嚴重的失業問題，各種名目的苛捐雜稅更使百姓怨聲載道。

臧克家多次參加呼籲停止內戰的活動。一九四六年一月二十日，他在《陪都文藝界致政治協商會議各會員書》上簽名；在五月二十八日召開的重慶各界人士時事座談會上，他發表了告國人書呼籲和平；六月十九日，重慶各界四千多人聯名致電蔣介石、毛澤東呼籲全面停止內戰，他也參加了簽名。

這一階段，他寫了大量的詩文尖刻地諷刺國民黨，爲老百姓的疾苦奮力呼喊。有時甚至以不加任何修飾甚至是粗陋的語言發洩他的憤怒，例如一九四五年十二月寫成的《槍筒子還在發燒》：

掩起耳朵來，
不聽你們大睜著眼睛說的瞎話，
癩貓屙了泡屎，
總是用土蓋一下。

苦苦打了八年，
剛剛才打出了一個希望，
彷彿怕這希望生長，

當頭就給它一棒！

大破壞，還嫌破壞得不夠徹底？
大離散，還嫌離散的不夠慘？
槍筒子還在發燒，
你們又接上了火！
和平，幸福，希望，
什麼都完整，
人人不要它，它卻來了——
內戰！

在臧克家眼裏，國民黨總對人民開空頭支票，把人民當一頂舊氈帽一樣對待，可以隨時戴上也可以隨時丟棄。熬過了八年抗戰的風雨歷程，勝利後的第一個冬天卻是最黑暗、最寒冷的。前方在戰鬥，百姓卻不明白爲什麼抗戰勝利了還沒有得到盼望已久的和平。臧克家以一問一答的形式表現了百姓對內戰的惶惑：

「日本鬼子不是已經投降了嗎？
爲什麼聽說還在打？」
一個莊稼老頭子
想從我這裏得到回答。

「不是打日本了，
自家打自家！」

「八年還沒打夠嗎？
這是爲什麼？」

「爲什麼？他們說，
爲你們！」

「爲我們！爲我們？」

他臉上起了一片雲

——《問答》

「爲我們」重複了兩次，第一個後面緊接著感歎號，表明老百姓對打著「人民」的旗號打內戰的震驚，第二個後面接的是問號，表現了底層人民難以理解上層統治者所謂的戰爭藉口。

一九四六年十二月，他寫了《你們》這首詩，強烈集中地發洩心中的怨恨憤怒，感情如潮水般奔騰澎湃，與郭沫若在《天狗》中的咆哮十分相似：

不是的，不是的，不是的呀！
我有太多的悲憤要把胸膛爆炸開呵，
我有太多的情感要衝湧而出呵，
我的心被火燃燒著——
那羞恥的火，
那困擾的火，

**那生之苦難的火呀！**

臧克家在青島大學期間受聞一多影響，對郭沫若自由體新詩的喜好大大降低，更推崇欣賞聞一多詩句的深沈凝練和節制的美。現在，他卻無心雕飾，也不顧「溫柔敦厚」之旨。他把詩當作口號、控訴書和宣戰表來寫，抒發他的悲壯情懷和復仇意識，傳達被壓迫、被摧殘的廣大無辜人民的心聲：

我要寫詩，
因爲我要活下去，
而且越起勁！
我明白，在我們消極的時候，
你們才積極起來！
我要用我的詩句鞭打你們，
就是你們死了，我也要鞭打你們的屍身！
我要把我的詩句當刀子

去剖開你們的胸膛，
我要用我的詩句
去叫醒，去串連起一顆一顆的心。
叫我們的人都起來，都起來，
站在一條線上，
向你們復仇！復仇！

——《你們》

他以筆爲劍，抨擊黑暗的現實，並把這些憤怒之音結集成《生命的零度》，其中的二十九首詩大多是諷刺詩，具有極強的現實針對性，火藥味濃，以鮮明思想性和政治鼓動性爲特點，這不免帶來口號式的空洞和形象的蒼白。當時國統區諷刺詩雖然繁盛，但相當一部分諷刺詩手法單調，拖泥帶水，浮淺乏味。因爲那個時代諷刺風氣的形成出於現實的功利需要，而諷刺理性意識的自覺還未形成。當時著名的詩人袁水拍是一個成功的諷刺詩人，他致力於把醜惡撕毀給人看，把注意力集中於反面的戲劇現象，調動一切能夠達到喜劇效果的手段，因而他的諷刺詩辛辣諧謔，可以爆發出笑的力量。而臧克家寫諷刺詩仍像一般抒情詩或敘事詩那樣鄭重嚴謹、一本正經，缺乏足夠的幽默感。「這樣，馬凡陀山歌主要以其冷笑，臧克家諷刺詩主要以其憤怒，得到了讀者的肯定。」①

從臧克家詩歌的題目就可以看出強烈的憤怒和批判意識。如《內戰英雄》、《佩著「勳章」求乞》、《發熱的只有槍筒子》就散發著硝煙氣息。滿腔怒火使他有時不受理智控制，用尖利的聲音叫醒這沈睡僵死的時代，無暇顧及這樣的聲音是否有美感。正如他在《歌唱起來》中說的那樣：

我們決不羞恥於我們的詩句裏含著眼淚，只要這眼淚是爲了饑寒、困苦而流下來的。只要這眼淚是個人的也是千千萬萬人的。

我們決不自慚於我們的詩句裏充滿了憤怒和諷刺，這憤怒是這個時代每一個健強的人所必有的，而諷刺是我們的權利，客觀事實神聖的一個付託。

我們決不怕遺笑於古典藝術家們，我們要把我們的詩句寫得人人念懂，我們要把我們的詩句寫得像憤怒，像憎恨，像希望，甚至不怕不像詩。

但《生命的零度》中也有幾篇佳構，它們是臧克家所擅長的抒情詩，如《叮嚀》一詩就是難得的思想傾向明顯而藝術感染力也強的好作品。它的成功在於臧克家不是以一個激憤的時代代言人身份寫詩，而是以一個對故鄉土地懷著深沈眷戀的遊子身份抒發感情：

我們呼吸著新土的芳香，
我們打著光腳板，這也是一種最美的享受，
把一粒一粒種子撒在土窩窩裏，
輕輕地、輕輕地蓋上一層土，
額上的汗珠子一滴一滴地往下落，
也一起埋到了泥土裏去。

……

我們一早一晚
到堰塘裏去打水，
肩頭上，
扁擔吱吱地叫，
水桶裏，水嘩嘩地笑，
水裏有一片藍天，
藍天上彩霞在動蕩。
我們不能叫土地挨著乾渴，

我們不讓一棵草奪去一點水分，
像保護一個嬌慣的孩童，
我們保護著我們的種子。
我們沒有一天不去看它，
低著頭，想從土裏探聽出一點消息，
像一個小孩子把一枝折斷了的柳枝插在土裏，
一會兒跑去看看，有沒有長成一棵綠葉成蔭的大樹。

藍天和彩霞在陽光下勞動是何等快樂，連扁擔和水都具有了生命，在爲勞動的歡快歌唱！作者滿懷希望播下種子，細心呵護它的成長，帶著急切的心情守望種子的發芽。他詩的前半部分把生活描繪得像世外桃源那樣美好，是爲了跟後面這一段形成對照：

勝利的「火炮」響了，
最後一次聞一聞火藥氣息，
每一個人都是一串火炮，

要在狂歡裏爆炸自己！
我眼睛裏流出了八年來的第一滴眼淚，
也是第一次感到，
同故鄉中間隔著千山萬水，
我整理好了破碎的行囊，整理好了破碎的心緒，
給自己預約一個和平安樂的農村生活。
我想，我一定比春風
搶先回到故鄉，
扶著「南園」的秫稭「帳子」，
和青青的麥苗，和青青的菜苗，
一起享受那和暖的春光。
所以，我讓屋後的園子閒著修養，
讓去年的蘿蔔種在上面長成傘，
讓土塊乾癟著想鋤頭想得發恨，
我想，這一回我要完全拋棄了它，

像抛棄多年以來的生活。
冬天在冷雨和長夜裏熬過去了，
冬天過去了，又來了春天，
「映山紅」山上又有了孩子們的歡笑，
我的小園裏是一片猖獗的野草。
春天又黯淡地走了，
我依然在這小小的山窩裏，
聽一聲又一聲「不如歸去」，
像裂碎了一顆又一顆的心！
杜鵑鳥呀！你就是鮮血從口裏直往外湧，
我也沒辦法聽從你的叮嚀，
因爲，在我歸去的道路上，
又橫上了大獨裁者發動的戰爭！

勞動如此快樂，詩人的菜園裏卻滿是荒草，因爲他渴望到故鄉的土地上勞動。他已經整理好了行囊，準備趕在春風之前回到闊別已久的故鄉，預約和平安樂的農村生活，享受和暖的春光。可是春來春去，他還滯留在他鄉，因爲獨裁者發動的戰爭讓他的歸鄉夢遲遲難圓。可以想像遠方白髮慈母在村口的等候，又一次失望地回家。杜鵑的哀鳴讓詩人心碎，也令讀者與詩人產生共鳴，油然而升對獨裁者的痛恨。

臧克家在寫諷刺詩的同時也寫了不少批判性強火藥味濃的雜文，辛辣地揭露時弊。《官》一文剝下這些「人民公僕」道貌岸然的虛僞外衣，逐條羅列大小官員的醜態——媚上欺下、貪贓枉法、玩忽職守、任人唯親、欺騙百姓。他語言通俗生動，亦莊亦諧，論據充實，舉《官》中的一段爲例：

幹什麼的就得有幹什麼的那一套，做官的就得有個官樣子。在前清，做了官，就得邁「四方步」，開「廳房腔」，這一套不練習好，官味就不夠，官做得再好，總不能不算是缺陷的美。於今時代雖然不同了，但這一套也還沒有落伍，「廳房腔」進化成了新式「官腔」，因爲「官」要是和平常人一樣的說「人」話，打「人腔」，就失其所以爲「官」了。「四方步」，因爲沒有粉底靴，邁起來不大方便，但官總是有官的步子，疾徐中節，恰合身份。此外類如：會客要按時間，志在寸陰必惜；開會必遲到早退，表示公務繁忙；非要公來會的友人，以不在爲名，請他多跑幾趟，證明無暇及私。在辦公室裏，莊嚴肅穆，不苟言笑，一勁在如山的公文上唰唰的劃著「行」字，表現爲國劬勞的偉大犧牲精神，等等。

他的目光還關注政治民主與創作自由的關係，《精神的囚犯》一文就是爲生活在國統區的作家們呼籲創作的自由：

中國當前一切問題關鍵在民主，各階層，各職業團體的人，都集中力量在爭取它。作家們更是「不能一日無此君」。沒有民主就沒有文藝，有的話，那只能是應制文藝，色情文藝，這與大衆文藝，時代文藝，抗戰文藝，相去十萬八千里，而且是死對頭。

文藝必須的一件東西，就是自由。作家們要有心情的自由，表現的自由，發表的自由，然後才能發揮他們的力量，使作品爲抗戰、爲人類服務。但不幸的是，中國現在的文藝，就是缺乏這樣自由。空氣窒息，顧忌太多，心情不自由，提起筆來，不能暢所欲言，先得想想怎麼寫才可以不至於白費心血，躊躇而又躊躇，創作興趣已經折磨死了一半，這是下筆時的不自由。勉強成篇，還不一定能被允許印在紙上，印在紙上了，還不一定暢行無阻地到達讀者手中。這樣，文藝還有什麼功效？作家還有什麼尊嚴？國家還談什麼文化？什麼宣傳？

這兩段文字表明臧克家不畏權勢暴力，敢於秉筆直書，視自由爲創作的生命的堅定信念；

同時也體現了他創作服務於現實的文藝觀。只有創作不受政治因素的控制，作家們才能發揮文學針砭時弊的作用。臧克家這種觀點不僅在當時有鮮明的時代意義，就是在今天也仍有現實意義。

## 三、痛悼聞一多

經過一個多月的較量，國共兩黨代表終於簽訂了《會談紀要》即《雙十協定》。但在協定簽字後不久，雙方又發生激烈的戰鬥，而且內戰規模日趨擴大。各地爭取民主和平的呼聲一浪高過一浪，臧克家尊敬的老師聞一多先生也投入了火熱的反內戰鬥爭。

聞一多是一位偉大的愛國詩人和學者，對臧克家的爲人爲文有重要影響。他爲人民的苦難和民族的衰微而悲憤心痛，想爲民族的復興探索出一條道路。他一開始採取的辦法是從文化方面給老病的中國開一劑藥方，致力於古典文學的整理研究。臧克家不贊成他這種方案，勸他多讀些社會學方面的書，堅持寫新詩，聞先生還是堅持己見，終日在書房研究學問。臧克家認爲聞先生的這種選擇是他詩歌絕產的最主要原因，因爲一個只待在書房而不去接觸新鮮生活的人，他的創作力很快就會萎縮。

抗日戰爭中，臧克家有五年一直在戰地上，他注意著報紙上星星點點的關於聞先生的消息，每隔一年半載總要寫封信給他，在信中表示對他的想念，再次鼓勵他從故紙堆裏走到火熱的現實生活中來。抗戰中後期，聞一多在火熱的現實和朋友的影響下，毅然從故紙堆裏走出來了，成爲一位民族鬥士，這其中也有臧克家的一份功勞。聞一多爲表明自己堅定的抗戰心志，蓄起了鬍子，成爲「清華」四大鬍子之一。一九四三年夏天，臧克家從《新華日報》上看到聞先生在西南聯大朗誦田間詩歌的報導，激動得流下淚來，當即在燈下給聞先生寫了一封感情飽滿的信。不久，臧克家就收到了回信，聞一多解釋了自己所做工作對於現實的意義，也告訴他自己在後方的困苦的生活，兩顆心互相支援和慰藉著。

聞一多以詩人的赤誠和熱情從事民主活動，揭露國民黨製造的「一二·一」慘案的暴行，寫下了《一二·一運動始末記》。他出席講演，參加各種形式的民主遊行，教育青年學生改造自己的思想，和人民團結起來，發揮最大力量去創造新生的中國。臧克家深受鼓舞，敏感的他同時也爲先生的安全擔憂。特別是七月十一日著名民主人士李公樸被刺之事讓他又產生不祥之感，更爲先生的安全擔憂。當時有友人勸聞一多暫時避一避，聞先生毫不畏懼，笑著說：「事已至此，我不出，則諸事停頓，何以慰死者？」。在七月十五日李公樸治喪會上，他登臺大聲呼籲：「我們不怕死，我們有犧牲的精神，我們隨時像李先生一樣，前腳跨出大門，後腳就不準備再跨進大門！」就在說了這句話後不久，他永遠的倒下了。

當時臧克家正在南京，七月十六日早晨他在大行宮一帶的報欄處猛然看到「聞一多被刺」五個大字，緊接著再看，「中多槍殞命」，使他殘存的一絲希望全部破滅。他跌跌撞撞地走在大街上，頭腦裏一片空白，像一隻撞暈了的蒼蠅。一回到家他就倒在床上，在淚光中回憶起與先生相識、相知的一幕幕。他在悲憤和懷念中寫下了大量悼念聞一多的詩文：《我的先生聞一多》、《海——回憶一多先生》、《照亮——聞一多先生周年忌》、《爲你空出一把椅子——一多先生遇難三周年忌》，近八十高齡還寫了散文《憶聞一多先生》，由此可見臧克家對聞先生的追念與敬仰非同尋常。

## 四、請　客

鄭曼在兒童療養院工作的時候，經常給臧克家講述許多孩子的可憐遭遇。他們好多人因爲戰亂與自己的父母失散了，生了病也無錢治療，最後悲慘死去。臧克家陪著長吁短歎，爲這些孩子不幸的命運歎息。

鄭曼後來到中央衛生實驗附屬小學教書，每日接觸的是家庭出身非常好的孩子。他們穿著漂亮的新衣服，面龐紅潤嬌嫩，挑剔到底吃巧克力還是奶酪。他們受到良好的家庭教育，離戰亂、貧困、饑餓很遠，經常帶著花來看望鄭曼，就像當年在臨清時學生們看望臧克家一樣。孩子們的來訪更多的讓臧克家感到巨大的貧富差距。他住的院子裏就有和這些孩子年紀相彷的兄弟仨——李順儒、李順有、李順策。他們在破爛的「保國民」小學讀書，穿著滿身補丁的粗布大褂，裹著裹腿，連一雙草鞋也買不起，只能赤著腳，腳上厚厚的一層灰，像塗了一層漆。

臧克家在小說《小兄弟》中將這兄弟三個和那些貴族子弟放在一個學校，使他們之間形成鮮明的對比。幸福的孩子們帶著父母的憐愛，家庭的富有和華貴，驕傲地吹噓著自己的新衣，爸爸的西裝、好吃的香蕉，快樂地踢皮球、盪秋千、滑滑梯。窮苦的小兄弟在學校裏卻感受不到樂趣，別人也排斥、取笑他們，不願意跟他們玩。校長覺得他們太髒不懂禮貌，稱他們野孩子，面對前來視察的領導卻冠冕堂皇地說：「我們的學校雖是子弟學校性質，但也收容了一些本地的學生，使窮孩子們也有個求學的機會，這是我覺得很高興的一點。」有錢的孩子吃著餅乾、雞蛋、水果，而窮孩子只能偷偷地從人群裏走開，採一根青草銜在嘴裏，在冷風裏流著鼻涕。

臧克家同情可憐和他住在一起的這幾個孩子，雖然自己經濟也很拮据，但還是不時接濟一下孩子們的生活。一九四六年的兒童節，他買了麵包、花生作爲孩子們的節日禮物。鄰居老太太心疼他居然花了可以買一斤豬肉的錢買了麵包，分花生時大人和小孩兒爭搶起來。臧克家看到這樣的場面既滿足又失望。滿足的是他用不多的錢就給孩子們過了一個快樂的節日，失望的是他也看到了貧窮和饑餓怎樣無情地奪去了謙讓禮貌，讓人們變得貪婪自私。

## 五、離亂的生活

抗戰勝利後，各行各業開始恢復戰前的秩序，有權勢有門路的人都紛紛離開重慶「復員」去了。自從「賑濟委員會」撤銷後，臧克家就成了一個職業作家，無路可走，不知自己的歸宿。終於等到一九四六年的六月，他才以鄭曼眷屬的身份隨她的機關搭拖輪到南京去。

他是個戀舊的人，當初他離開臨清時就是做了一番痛苦的心理掙扎，現在他又面臨著那樣艱難的選擇。他住了三年的山村，一座山頭、一棵樹、一條小徑、一根草都讓他不勝依戀。同院的人聽說他要走都無比惋惜，老太太來跟他訴苦拉家常，他也像一個即將遠行的兒子要跟母親告別那樣，給她善意溫暖的叮囑。小孩子們來他的房間更加勤快了，他們捨不得這個給他們餅乾吃的臧先生離開。他進城的時候，村裏許多人都來送行，跟他一起住了兩年多的李天章老漢拖著有病的身體把他送到菜園邊上。

回到重慶，他把所有的積蓄都取了出來，錢雖然緊張，該買的東西還是要買，必備的衣物，給鄭曼家人的禮物……剛從銀行取出來的錢很快就全花光了。他這樣一個平時慣於計算的人，爲了這次遠行也有了一次慷慨的機會。

六月九日，他去看望老朋友王亞平。王亞平認爲坐船不安全，王的太太幾個月前坐拖輪走的時候，船在中途壞了兩次，帶的東西幾乎全部丟了，只剩下手裏提的一點東西，而且時間特別長，從重慶到漢口花了四十天。

果然，開船時間就拖延了好幾天，先是說六月十日，後來改成六月十二日，最後拖到了六月十六日。在等船的幾天裏，朋友們輪流請他吃飯喝茶。六月十日那天，他遇上了作家端木蕻良，端木很奇怪地問臧克家：「你不是今天乘船東下了嗎？」臧克家回答說：「一個月前，你不是已經飛上海了嗎？」兩個人都笑了。在戰亂的時代，交通、物價、民心一切都不穩定，誰能按照所謂的計劃和心願辦事呢？

他和鄭曼終於在六月十五日領到了乘船證，六月十六日中午上了船後卻又等了兩天，船才開始緩慢地離開碼頭。船上又熱又擠，他們睡在船的上層，太陽毒辣辣地烤著，船艙像一個大蒸籠；下雨了，他們只能找塊雨布稍微擋擋。吃早飯的時候，人們搶筷子、搶碗、搶菜、搶稀飯，亂作一團。此情此景又讓臧克家看到了中國人自私的一面。惡劣的環境和乘客之間的爭吵就不說了，單說江上的危險就足以令他膽戰心驚。經過瞿塘峽時，江面狹窄，水流湍急，巫峽的水浪更是驚心動魄。好在有驚無險，他們的勝利號拖輪終於闖過一道道險關，順利地駛過了漢口、九江、安慶、蕪湖。經過武漢時，臧克家滿懷深情地上街張望了一下，這是他第四次來武漢了。許多人在街頭兜售奶粉和饅頭，而這些原本是善後救濟總署救濟中國窮人的。臧克家的一個朋友諷刺道：「這裏的善後救濟總署，第一是救自己，第二是救濟富人，第三才是救濟難民。」這位朋友還舉了一個例子：「一個難民，無家無業，善後救濟總署救濟了他一雙跳舞襪，還是一隻筒長，一隻筒短。」武漢給臧克家的印象依舊是憧憬後的失望。七月八日，「勝利號」經過二十來天的航行終於抵達南京。這段艱難的水上之行在臧克家的日記《我在「勝利號」拖輪上》裏有詳細記載。

到了南京，臧克家無心欣賞夫子廟、秦淮河、中山陵等名勝古蹟，因爲他沒有找到工作，在爲生計發愁。正在愁悶之際，他在重慶歌樂山時結識的青年詩人林宏給他帶來了一個好消息：「臧先生沒有看到最近的《僑聲報》嗎？陳流沙在上面刊出了詢問你近況的一條消息。」臧克家欣喜萬分，當即決定到上海去找陳流沙。

在上海居留的兩年多時間裏，臧克家主要從事編輯工作。他先後主編過《星河》、《學詩》、《文訊》等刊物。然而，上海也不是樂土，物價上漲非常厲害，他在《長夜漫漫終有明》中記述道：

款子（即稿費）到手後，立即送出，誰也不肯把現款稍事存留，因爲物價不斷飛騰，而紙票的身價卻時時大跌！有一天，有位女朋友來到我們家，一進門就「哼」的一聲，把大包東西扔到了地上。我愛人和我都有點驚異。客人開口了：剛剛發了薪水，我去「搶購」點東西，商店裏什麼也沒了，搶到了幾雙男長筒水鞋。一面說，一面笑，看樣子有點累了，但面帶勝利的得意神情。

臧克家做編輯時的月薪是二十五萬元，實際不過每月二十五元，他每月都把工資寄回老家去。一九四七年，在鄭曼的堅持下，他把兒子樂源樂安接到上海，生活的擔子從此更加沈重。爲了糊口，他不得不拼命寫作，在上海的兩年時間，他寫了大量作品，僅小說就有《小馬燈》、《她們倆擁抱在一起了》、《睡在棺材裏的人》、《牢騷客》等十幾篇，大部分發表在鄭振鐸、李健吾主編的《文藝復興》月刊上。

他的小說多取材現實生活中的一些普普通通的真實事件和人物故事，主要人物大多數是下層勞動人民。如《她倆擁抱在一起了》寫的就是兩個處於社會底層的老太婆，一個被稱作「搖頭瘋」，另一個叫作「羞見天」。她們命運相似，沒有老伴，唯一的兒子又或參軍或被抓了壯丁，生死未卜，但她們都把生活的希望寄託在兒子身上。因爲兩家從前曾爲一點邊地結了仇，她們又認爲各自的兒子在兩個不同的隊伍裏。因此，她們彼此的仇更深了，後來「搖頭瘋」的兒子負了傷逃到了「羞見天」家裏，「羞見天」這才知道他們在一個隊伍裏打仗，而且馬上就要一道回來。她馬上把這好消息告訴了「搖頭瘋」，兩個結仇多年的老太婆擁抱在一起。這個小說注意反映農村民俗，把大後方農村的閉塞落後和農民的善良本性勾畫得繪聲繪色，並暗示他們參加的都是反內戰的隊伍。《「鳳毛麟角」》以漫畫式的描寫諷刺了那些自私自利、貪婪無恥的科員幹部。值得一提的是《牢騷客》、《文藝工作者》和《小馬燈》中都有作者自己的生活經歷在內，有些心理細節可以和他的散文相印證或補充。他的小說注重心理分析，情節性不是很強。他自己對小說也並不是很看重，在多年奔忙離亂的生活中，他積累了不少素材，他把其中一些不適於用詩歌表現的改用小說形式表現。他覺得要真正表現自己的靈魂，還是要靠詩歌這種形式，下面這段話就反映了他的這種觀點：

> 說小說比詩的成就高，收穫大，我們並無心反對這說法，但是，小說比較容易被注意，而且普遍性要大些，詩就很難說了，短短的一篇，也許只有幾行。詩的讀者比較有修養，因爲從詩裏看不出什麽故事（敍事詩例外），而是以自己的心靈去發掘作者的靈魂。
>
> ——《新詩——它在開花，結實——給關懷它的三種人》

## 六、編輯生涯

陳流沙是臧克家在重慶時結識的青年詩人，他參加過重慶的《文學》月刊編委會，出任過《自由報》編輯主任，抗戰勝利後到《僑聲報》任編輯。一九四六年八月十二日，經陳流沙介紹，臧克家到《僑聲報》擔任文藝副刊的編輯。《僑聲報》原來有一個文藝副刊叫《文學》，他接編後改爲《星河》周刊，另外每月推出一個詩歌專頁《學詩》。前者爲全版，後者爲八開。《星河》和《學詩》雖然只是兩個不大的文藝刊物，但作者陣容異常強大：郭沫若、茅盾、田漢、葉聖陶、洪深、田仲濟、李健吾、穆木天等名家的文章，不論長短、不拘體裁，每星期都要在周刊上出現一次。一些青年詩人如辛笛、陳敬容、田地等也因此開始登上文壇嶄露頭角。

由於這兩個純文藝副刊在當時並沒有如該報主編所期望的那樣給報紙帶來大批讀者，所以一九四六年底，臧克家接到了「副刊一律取消」的通知，又一次失業了。

飯碗沒有了，臧克家非常焦急，到處奔忙。上海像一棵大樹，他卻找不到可以棲息的一枝。這時恰好在文通書局工作的白壽彝來看望臧克家，得知了他的困境，立即將自己主編的大型文化學術刊物《文訊》讓給他，這才解了他的燃眉之急。臧克家接任後，每出兩期綜合版，就間出一期文藝專號，使這個較爲嚴肅的學術性刊物增添了活潑的文學色彩。臧克家持相容並包的編輯思想，他在第七卷第五期上說：

要問爲什麼我們忽然動了這樣一個念頭（注：即加出文藝專號）？說來是簡單不過

的。第一，想用它作一個調劑，使一般讀者在長期沈重的學術空氣中活潑一下，再則在這大時代的極端苦悶和掙扎中，文藝有它的一份責任。然而，矛盾也就在這裏。一方面，我們想透過作品去聽時代脈搏的跳動，但是去約文章的時候，卻先鄭重聲明：「不能太刺激」；我們並非借此去掩飾什麼，這是真情，本來可以不言而喻的。時代是多麼矛盾，而我們被這個矛盾弄得苦痛不堪！我們所想表現的，未必是我們所得而表現的。編者瞪著大眼睛，沈重地握住一枝筆，惴惴的向每一篇來稿的每一個字一再審視！我們預備接受讀者的責備，在發稿的時候，我們已經在感覺著現實是多麼偉大、沈重，而我們所表現出來的又是多麼少。

我們可以自信的這麼說：我們在取稿上絕對沒有任何成見，我們是以「文藝爲公」的，不想把它圈在一個小圈子裏去。雜誌如果必須有一個「個性」，那麼就讓「多彩」算我們的「個性」吧。

同他主編《星河》、《學詩》時一樣，《文訊》的文藝專號上名家薈萃，除了上面提到的作家外，還有汪曾祺、戴望舒、馮至、端木蕻良、黎烈文、李廣田等人，作品大多是詩歌、散文，也有小說、翻譯和文論。

一九四八年八月十二日，著名散文家朱自清拒領美國援助麵粉，在貧病中去世。臧克家知道這個消息後立即籌劃出「朱自清追念特集」，他憑友情約來了郭紹虞、鄭振鐸、葉聖陶、馮至、魏金枝、許傑、王統照等人的二十來篇稿件。九月十五日，在第九卷第三期的《文訊》上刊出。此舉在當時不僅有弘揚朱自清先生保持民族尊嚴和氣節的意義，而且也具有對國民黨在政治上依附於美國提出抗議的意義。

在主編《文訊》的同時，臧克家還和星群出版公司的杭約赫一起出版詩刊《詩創造》。他的「注重現實主義」、「文藝爲公」、用稿沒有任何成見的編輯思想給《詩創造》以積極影響。他爲星群出版社編輯了《創造詩叢》，推出了十二位不同風格的詩人（田地、杭約赫、方平、唐湜等人）的詩作，爲四十年代詩歌的發展和繁榮做出了重要貢獻。

政治形勢越來越緊張，國民黨對文化事業的控制越來越高壓。一九四七年，郭沫若、茅盾等秘密離開上海，臧克家經過他們的住所時思緒萬千，考慮自己下一步該往哪裏去。一九四八年元旦，一天中有三個朋友給他送來特務在追蹤的緊急消息。楊晦也被迫逃離上海，臨行前勸他一道走，臧克家作著劇烈的思想掙扎，他不放心鄭曼和孩子。可是形勢逼人，這一年的十一月下旬，特務搜查了星群出版社，臧克家被列入了國民黨的黑名單，罪狀有三條：寫諷刺詩，辦左傾刊物，參與共產黨創辦的星群出版社。他不得不逃了！

十二月八日，臧克家連夜告別家人坐火車南下奔赴香港。一路上他無心觀看南國秀麗的景色，只盼著車開快一點。在換車時，他兩手都拎著大行李，騰不出手拿裝著牙具的塑膠袋子，只好用牙咬著，搖搖晃晃，咔喳一聲，把左邊的一顆牙齒崩掉了。他幾十年都沒有修補它，留著一個缺口作爲這段離亂生活的紀念。

到香港後，他住在荔枝角一個叫九華經的小村子，那裏住著許多大陸來的文藝界人士，如楊晦、樓適夷、巴波、端木蕻良、黃永玉等人。由於旅途勞累和過度緊張，他病倒了，發高燒久久不退。共產黨在香港的負責人之一馮乃超得知他來到香港的消息後送了他一百元港幣，還爲他請了醫生。貧病中的臧克家非常感動，表明了要到解放區去的決心。經過有關方面的安排，鄭曼也來到了香港，兩個孩子安全回到了山東。臧克家沒有了後顧之憂，身體也漸漸恢復了，在香港的《大公報》、《文匯報》上發表了一些詩文。

三個月後，即一九四九年三月，在馮乃超的安排下，臧克家同在香港避難的陽翰笙、嚴濟慈等一百多位同志乘坐共產黨包租的「寶通號」輪船離開香港。一路上，他們既緊張又興奮，等過了危險海域之後才放了心，就在船頭開起了聯歡會表演節目。臧克家像魚歸大海、鳥入叢林一樣快樂。他們來到已經解放了的北京城（舊稱北平）之後，被安排在前門外永安飯店，周恩來去看望這些從香港回來的文藝界人士說：「路上辛苦了，生活安排得怎麼樣？有困難，只管說，現在是回到老家來了。」這句溫暖的話使臧克家感動得流下淚來。他不禁回想起一九四五年他在重慶特別困難時，曾向何其芳說過家中生活困難，何其芳幫他向上級反映，後來他的母親得到了四斗優待糧。共產黨給予臧克家的這些照顧，使他產生了感恩的意識，這決定了他以後創作中的主調是謳歌讚頌。

## 附注

①呂家鄉：《爲了開拓詩的疆土》，《抗戰文藝研究》一九八六年第三期。

# 第九章　放歌新歲月

## 一、定居北京

一九四九年十月一日，中國大陸的歷史翻開了新的一頁。隨著新中國的宣告成立，文學藝術的風貌也有了巨大的轉變。由於執政黨的影響，建國初到一九七八年間，文學更多地繼承了解放區文學的傳統，毛澤東《在延文文藝座談會上的講話》成爲主宰文壇近三十年的文藝理論尺規。許多作家，尤其是像臧克家這樣來自國民黨統治地區的作家，需要經歷身份、心態、創作觀等方面的轉變。但歷史並未給他們提供充足的準備條件。出於高度的政治熱情，作家們的注意力和興奮點都集中在政治運動和中心工作上。因此作家經常是尋找具體的生活實踐來闡釋弘揚某種政治理念，不少作品免不了有空洞、單一、唱讚歌的弊病。

從香港回來不久，臧克家就把所見所聞、所思所想一齊傾注到筆端，寫了組詩《看到的、聽到的、感到的》。其中有一章《我想寫篇詩》：

我想寫篇詩，
歌頌南下「動員令」；
百萬兵馬已渡過長江，
等不及我的詩句完成。

我想寫篇詩，
歌頌解放貴池和銅陵；
江陰下了，南京下了，杭州又下了……
我的詩句跟不上大軍的行動。

我想寫篇詩，
表達心裏的高興，
拾起筆又放下，

心，像大海上起了暴風。

應該說，這時候臧克家的讚頌還是真誠的。經歷了多年動蕩離亂生活，面對解放區一派和平團結欣欣向榮的嶄新面貌，他抑制不住內心的喜悅激動放聲歌唱起來。就在這首詩發表後不久的五月二十日，他的長女臧小平出生，這是他跟鄭曼的第一個孩子。一九五六年十月，他又添了一個小女兒鄭蘇伊。自一九四二年他和鄭曼結婚後的這麼多年，因爲戰亂和貧窮，他們始終過著不安定的生活，一九四六年鄭曼曾經流產過一次。現在他們剛剛開始了安定的生活，女兒就相繼來到人世，這對臧克家來說是喜上加喜。

一九四九年七月二十四日，中華全國文學工作者協會成立，臧克家當選爲協會的委員。九月，他被調到新華書店編輯部工作，十月，出版總署成立後，他任《新華月報》編委，主編文藝欄，在這裏一直工作到一九五六年。

一九四九年十月，他寫成了《有的人——紀念魯迅有感》，發表在十一月一日的北京《新民報》上，該詩是臧克家建國後的代表作品，曾廣爲傳頌：

有的人活著

他已經死了；
有的人死了
他還活著。

有的人
騎在人民頭上：「呵，我多偉大！」
有的人
俯下身子給人民當牛馬。
有的人
把名字刻入石頭想「不朽」，
有的人
情願作野草，等著地下的火燒。

有的人
他活著別人就不能活；

有的人
他活著是爲了多數人更好地活。

騎在人民頭上的，
人民把他摔垮；
給人民作牛馬的，
人民永遠記住他！

把名字刻入石頭的，
名字比屍首爛得更早；
只要春風吹到的地方，
到處是青青的野草。

他活著別人就不能活的人，
他的下場可以看到；

他活著爲了多數人更好地活著的人，
群衆把他擡舉得很高很高。

這首詩膾炙人口的原因主要有兩個。一是魯迅在全國人民心中的崇高地位，他作爲一個文化高峰、精神巨人、革命先行者的形象受到敬仰，國家領導人也對「魯迅的精神崇拜熱」起了推波助瀾作用。而《有的人》巧妙地化用了魯迅的詩句「俯首甘爲孺子牛」和散文集《野草》中的句子，使得讀這首悼詩的人自然而然地把「有的人」和魯迅的形象聯繫在一起。還有一個原因是該詩具有一定的哲理意義和鮮明的價值取向，把兩種人的生活價值觀、人民對其的態度和他們最後的下場作了正反對比，在對照中旗幟鮮明地弘揚了「爲人民服務」、「自居渺小」的生活態度。這不僅與臧克家在一九四五年寫的雜文《偉大與渺小》中英雄平民化的思想一以貫之，而且也符合新的人民政府「爲人民服務」、「集體主義」的價值取向，該詩後來曾被選入中學語文課本，對許多人產生過影響。

## 二、匯入同聲合唱

在一九四九年至一九五六年期間，臧克家寫得最多的是時政詩，大多是趕時應約之作。

這源於建國後生活環境和詩人心境的變化，他面對的不再是外族的侵略，也不是內戰的災難，而是剛剛誕生的新中國。建國伊始，人心振奮，充滿希望和歡樂。他也匯入這歡樂的海洋，提起筆高聲歌唱，而不能冷靜地看到新社會仍存在一系列社會矛盾。因而他的新作就少了沈鬱頓挫的悲憤之情和內蘊豐富的含蓄風格，自然也就沒有了陰鬱的壓抑感。

他寫作風格的轉變還有意識形態引導的因素，新中國的領導者們非常重視宣傳的輿論導向作用，要求文藝反映現實、文藝服務於政治、文藝與人民群衆相結合。在這樣的主流形勢下，臧克家和郭沫若、馮至等人一起逐步調整、改變自己的創作個性，爲配合政治形勢而寫作。他自覺把毛澤東的《在延安文藝座談會上的講話》作爲自己的創作準則，一九六二年他寫了《景行行止》，其中有這樣一段：

> 現在，我們掌握著一個巨大的，科學的，放之四海而皆準、傳諸百世而不替的至寶，用它去打開社會主義文藝的大門。依之從事創作，創作繁榮如春臨百花園；依之從事評論，繩墨有准如大匠運斤，它使我們的生活、思想、情感煥然一新，如同種子落在新翻的土壤裏。
>
> 這個至寶就是毛主席《在延安文藝座談會上的講話》。

從他所寫詩歌的題目就能反映出這種創作轉變：《我們珍貴這些時間——歡迎金日成元

帥和他率領的代表團》、《人民的使者出發了——送全國人民慰問解放軍代表團》、《我們終於得到了它——〈中華人民共和國憲法草案〉公佈了》、《祖國在前進——慶祝中華人民共和國成立五周年》、《標杆——向先進生產者致敬》、《給飼養員陳玉》、《這光亮不是來自天上——爲「全國青年社會主義建設積極分子大會」歌唱》……

詩歌《我愛新北京》每一段都以「我愛新北京，我愛……」開頭，最後以「我愛新北京，我愛新北京」結尾。在《祖國在前進——慶祝中華人民共和國成立五周年》中，他以驕傲自豪的口吻描繪祖國欣欣向榮的美好圖景：

鞍鋼的鋼水放出新世紀的紅光，
拖拉機使大地發出青春的聲響，
我們馴服了洪水的猛獸，
我們把公路開闢在康藏高原上。
我們有的人比時光走得更快，
先進的腳步，馬上有人跟上來，

各條戰線上的英雄人物，
像燦爛的星花永遠盛開。

千朵萬朵紅紫的鮮花，
一齊開放，向著春天，
一件又一件盛大的喜事，
一齊迎接祖國新生的五周年。

在《給飼養員陳玉》一詩中，他讚美飼養員白天黑夜地守在豬圈旁，以豬圈爲家，像照顧孩子一樣照顧小豬。詩的最後一段他這樣寫道：

**看你餵的那口烏克蘭大白豬**，
**肥大得像一頭小象**；（著重號爲引者所加）
它仰起鼻子向著你嚕嚕叫，
你報答它一個會心的微笑。
你熱愛你的工作，
你才能把工作做得這麼好，

你用一雙希望的眼，
看著肥豬一代代繁衍。

甚至在他懷念老友王統照的時候，也不忘了來一句「舊社會使人喘不過氣，新社會的日子天天像過年，嶄新的事物賞心悅目，對著它多麼不容易合上眼」。（《情感的彩繩——悼王統照先生》）

同期創作的散文也主要描寫新社會的工作者，翻身農民，如讚揚女列車員駱玉明熱愛平凡勞動、全心全意爲人民服務的精神；講述年輕的女擋車工杜富經在黨支部書記的鼓勵下刻苦學習織布技術最終成爲一個勞動模範的經歷；《一個老工程師的道路》中記錄了工程師顧懋動在走過多年的彎路後終於認同蘇聯的橋梁設計模式。臧克家在與他談話時，善於像記者一樣引導對方回答問題的思路：「黨中央提出向科學進軍，重視高級知識份子在祖國建設事業中的重要作用，對這，你有什麼感想？水到渠成地我把我們的談話引向了這個問題上來。」

從以上這些例子，我們可以看出他用強調、誇張、對比等手法讚頌謳歌國家政權、領袖人物、新生活和工農兵。不少詩很難說得上有什麼詩情詩味，也顯示不出他的創作個性，在統一的旋律中唱著「歡樂頌」，詩歌水平大大下降。他的散文不是記錄先進人物的先進事跡，就是歌頌偉大人物和祖國新氣象，沒有個人的聲音，很少的幾處提到自己時也是表示他思想上還很落後需要進一步學習的慚愧。這不僅僅是臧克家的悲哀，也是當時時代的悲哀。

當時整個文壇有淡化創作個性的風氣，貶低細膩柔婉而推崇粗獷高昂的風格。細膩親切曾是臧克家喜愛的風格，他四十年代的代表作《泥土的歌》就是以濃濃的鄉情和感人的細節見長。在他匯入同聲合唱之後，他不僅自己改變了風格，而且也要求青年詩人學習這種風格。他在評價聞捷的組詩《天山牧歌》時說：

> 聞捷有一些情歌寫得是很好的，令人喜歡的，但是他的詩的題材範圍比較狹窄，對大時代的精神反映不夠。好的詩要既能夠反映時代精神，又富有很強的藝術感染力。**我們不要只著重於小的地方的細膩親切，而忽略了意義更大的、能反映時代的東西**（著重號爲引者所加）。一切在突飛猛進的新中國，我認爲我們需要更多一些馬雅可夫斯基。
>
> ——臧克家　郭小川《沸騰的生活和詩》

爲體現新舊社會的對比，臧克家除了在題材選擇、敍事風格等方面注意改變，還要用作品數量的增多來體現。在抗戰時期，臧克家爲鼓舞民族團結禦侮的士氣創作了大量詩歌；在內戰期間，他爲揭露時弊同時也爲了養家糊口拼命寫作；如今，他要不斷推出新作來表明自己在新社會裏的激動心情和跟上大時代步伐的豪情壯志。

## 三、臧克家與《詩刊》

一九五六年初夏，臧克家出席了周恩來總理在中南海紫光閣召開的作協、文化部負責人和部分作家的座談會。經周恩來的關心，他被調到作家協會書記處任書記，直至一九七九年十一月。

進入作協後不久，臧克家和徐遲等詩人想爲詩歌開闢一個專門的園地，創辦作協的機關刊物《詩刊》。在臧克家的積極呼籲下，作協黨組織同意了他們的想法。臧克家在解放前積累了多年的編輯經驗，《詩刊》編輯部正式成立後，他被任命爲主編，徐遲、嚴辰任副主編。他謙虛低調的爲人處世和小心謹慎的辦事作風，對團結各種力量共同努力辦好《詩刊》產生了積極作用。

一個刊物的創刊號對其前途有很大影響，馮至向徐遲提議在創刊號上發表毛澤東的詩詞，這無疑會提高《詩刊》知名度。徐遲和臧克家商量，臧克家十分贊同這個想法。他本來就對毛澤東詩詞推崇備至，一九五六年十一月十七日，他寫了評論《雪天讀毛主席的詠雪詞》，發表在十一月二十三日的《中國青年報》上。文中以《沁園春·雪》爲例，將其與蘇東坡的《念奴嬌·赤壁懷古》相比，概括出了毛澤東詩詞的幾大特點——境界闊大、氣魄雄偉、氣概豪邁。

於是，臧克家執筆向毛澤東寫了約稿信，信寄出去之後整個編輯部的人都緊張地等待著。一九五七年一月十二日，他們收到了毛澤東的親筆回信和隨信寄來的十八首舊體詩詞，整個編輯部沸騰了。臧克家激動萬分，把信和詩詞讀了一遍又一遍。一月十四日，他接到了毛澤東要召見的電話，面對這位他一九四五年就寫詩讚頌的領袖人物，臧克家既緊張又驕傲，毛澤東對他寫的《雪天讀毛主席的詠雪詩》表示讚賞。得到偉人的嘉許，臧克家欣喜萬分，他後來也更加忠實地爲推廣普及毛澤東詩詞做了大量的闡釋和評價工作，出版了《毛主席詩詞講解》。

一九五七年一月二十五日，《詩刊》創刊號面世了。果然不出馮至的預料，因爲上面刊登了毛澤東的詩詞，人們爭相購買，書店門前排起了長龍般的隊伍。這種熱鬧的場景在其他刊物創刊時還沒有出現過，臧克家和《詩刊》的其他編輯們笑容滿面。以後，臧克家除了向毛澤東約稿，還向陳毅等國家領導人約稿。這些國家領導人的詩作直接或間接地對不同時期的國家大事有所反映，使得《詩刊》成爲當時宣傳政策的輿論陣地之一，《詩刊》從誕生之日起就蒙上了一定的政治色彩。

自一九五七年《詩刊》創刊至一九六四年被迫停刊，臧克家一直擔任該雜誌的主編。他擔任《詩刊》主編之後，開始成爲詩歌界實際的領導者，可以說《詩刊》的歷史定位和文化性格基本上是在他手中形成的。他在《詩刊》上發表的作品大致可以分爲兩類，一類是對國內重大事件的歡呼、頌揚之作，一類是參與各種政治運動，聲討、批判不符合黨的路線的文藝現象。[①]以頌揚歌頌爲主題的作品有：一九五七年第二期上的《在毛主席那裏做客》，一九五八年第一期上的《沒有什麼聲音比你更響亮》，第八期的《再歡呼》，一九六三年第七期上的論文《爲無產階級革命事業而戰鬥的偉大歌手》等等。「歡呼」、「激動」、「太陽」、「春光」、「堅強」「偉大」是他作品中出現頻率較高的主題詞。

他在《詩刊》上以詩歌界領導人的口吻批判不合「時宜」的作家作品。一九五七年夏，文藝界的反右鬥爭剛剛開始，他就在第七期的《詩刊》上發表了「代卷首語」《讓我們用火辣的詩句來發言吧》，用嚴厲尖銳的口氣寫道：「當我們看到，我們用了優美詩情去歌頌的社會主義祖國，被誣衊、被吐上腥臭的唾液，被罪惡的語言塗抹得一塌糊塗，詩人們，我們能夠容忍嗎？」這些文章語言粗糙，思想淺陋專斷。他也對蕭乾、丁玲、陳企霞、艾青、呂劍、穆旦等作家作了批判。

對於那個混亂顛倒的年代，不少人表態都是被逼無奈，爲保全自身而不得不說一些違心話，臧克家也是其中的一個。不同的是他認罪得非常主動，他對每一次運動都非常敏感，能夠較早承認錯誤。這與他的性格有關，在他的四十年代寫的日記《我在「勝利號」拖輪上》

中，有這樣一個細節：「爲了明天要開的船，我先到城裏來，把辦事情的路線和時間全部計劃好了。計劃、敏捷，這是我的習慣。爲了坐第一班車進城，常常一夜失眠；人家八點鐘請客，我總是七點半就到。在我，沒有不及，只有太過。」

他就是以這樣過分積極敏感的態度揣測著明天的風該往哪個方向吹。文革中他也受到了衝擊，進過牛棚挨過批鬥；但相對於艾青、郭小川、流沙河等人的遭遇，他無疑要算是一個幸運者。這應該與他創辦《詩刊》並賦予它主流意識形態色彩，自己主動或被動地配合運動有一定關係。

## 四、病室裏的陽光

一九四九年至一九六六年，臧克家都住在北京城裏，一開始是在筆管胡同。他每天起得很早，步行十幾分鐘到人民出版社去上班。在簽到簿上，第一個名字有多半是他，第三名以後的很少。他下班後就直接回家，鄭曼和女兒在家等著他。鄭曼溫柔細心，把家裏收拾得很好，臧克家感受到生活的溫馨和喜悅。一九五四年他寫的一首《青春的頌歌——看蘇聯國立民間舞蹈團表演的「俄羅斯組舞」》是他這種心理狀態的反映：

泥土情深——臧克家

一對又一對青年男女，
在甜美的旋風裏舞動，
像一朵又一朵鮮花，
承受著柔和的春風。
展開在眼前的已經不是舞臺，
而是俄羅斯鄉村的廣場，
好花遍地開，
綠草噴出醉人的芳香。

一輪滿月掛在天空，
把婆娑的身影描繪在地上，
每個舞步是一句無聲的歌，
它盡情地歌唱著生命的歡暢。

是火焰就要放射紅光，

是青春就要求飛揚，
跳舞的腳步像波浪，
它要把一切捲入一個快樂的海洋。

我的心在燃燒，
我的腳在動蕩，
我想站起來去加入這舞蹈的隊伍，
我的生命有著躍動的渴望。

這首詩雖然有一定的應景色彩，但詩中對飛揚的青春和蓬勃生命力的讚美，應該是真誠和富有感召力的。詩句的節奏非常快，從舞臺上的演出聯想到俄羅斯的鄉村，再回到舞臺，看到明月當空的美好夜色，最後，自己也想加入這舞蹈的隊伍，融入這快樂的海洋。幾乎很難令人相信，寫這首詩時臧克家已經五十歲了。

臧克家希望享有快樂的生活，可是病魔老是纏著他。早在一九四八年，他在上海的時候就發燒咯血，經檢查是肺結核病，後來他的左肺形成了三個穿孔。當時正是他們經濟困難的時候，一家四口生活非常困難，他沒有錢把病徹底治好。一九五一年春，他肺病復發，天天定時發燒，只能半天工作半天休息，一九五二年他一年都在家休養，幾乎沒有動筆寫東西。在生病期間，他不願閒著，設法從北大圖書館和朋友那裏借了五四以來詩人們的五六十種著作，花了一年左右的時間，編了一部《中國新詩選》（一九一九——一九四九），並以自己的論文《「五四」以來新詩發展的一個輪廓》作爲序言，於一九五六年由中國青年出版社出版。

這本詩選是他病中的產物，也是當時權威的詩歌選本。在序中，他按時間順序評價了胡適、郭沫若、冰心、蔣光慈、聞一多、徐志摩、戴望舒、田間、艾青等詩人及其作品，以作品是否反映了當時的階級鬥爭和民族鬥爭，是不是現實主義風格爲評價標準。在評論到他自己的詩歌時，他對自己三〇年代的作品作了自我批評：

> 沒有進一步和當時的革命鬥爭聯繫在一起，所以，比起那個國難深重、階級鬥爭劇烈的偉大歷史時期的現實所要求的來，他的作品的思想性的強度和戰鬥力量就顯得不足。
>
> ——《「五四」以來新詩發展的一個輪廓》

在回顧了三十年新詩發展之後，他確定了詩歌今後的基本方向和任務——詩人要熱火朝天的鬥爭生活，徹底改造自己的思想，運用人民喜聞樂見的表現形式唱出對新中國偉大現實的動人頌歌。他自己確實也是這樣做的，在前面我們已經分析過了他創作觀的改變使他的詩歌水平大幅度下滑。

一九五九年七月，臧克家又患了胸膜炎，胸腔積水，高燒兩個月不退，在醫院裏住了七八個月。他把自己的出院稱爲「凱旋」，出院後寫了組詩《凱旋》。由於沒有所謂的「頌歌」意識，單純表現一個病人的心理，反而顯得清新可愛、真摯自然。如其中的《聯繫》、《朋友》、《黃鸝》和《探望》：

長期受著病魔管制，
掐著指頭數日子，
黑夜來了白天去，
天花板像一頁讀膩了的書。

我的天地是一間斗室，
沸騰的世界卻沒有隔離，
耳邊有一條長長的線——

是一條心呀在緊緊聯繫。

——《聯繫》

他對孤單乏味的病床生活厭煩極了，用收音機關注外面的世界。《朋友》只有短短四句，長期待在醫院裏的病人成爲朋友，不是因爲共同的階級鬥爭目標或革命情誼，而是源於真誠的同情和理解，醫生給病友測體溫時他也緊張，希望得到退燒的好消息。

《黃鸝》一詩也很短：

一隻黃鸝在綠柳間穿梭，
支起身子用眼睛去捕捉，
像火光一閃，不見了，
歌聲又在逗人的耳朵。

這首詩語言清新凝練，讓人不由得想起杜甫的「兩個黃鸝鳴翠柳」，沒有杜甫詩歌闊大空茫的境界，卻多了幾分靈動和生活氣息。黃鸝的自由飛翔讓整天對著病房天花板的詩人眼睛一亮，趕緊追尋這個小生靈的影子，可是黃鸝卻不見了，正要失望歎息，耳邊又傳來了黃鸝宛轉的歌聲。詩雖短小而波折疊起，富有情趣。

再來看《探望》：

小女兒站在樓下，
爸爸站在樓上，
眼睛對著眼睛，
只是脈脈地相望。

教好了的話到時不響，
媽媽越催她越不開腔，
一個紅蘋果從窗口墜落，
歡笑聲逐著它滾在草地上。

醫院有規定，三四歲的小孩子不准進病房，父女倆只能一個在樓上的病房裏一個在樓下的草地上相互對望著。小孩子天真可愛，雖然很愛爸爸，從那脈脈地相望就可以看出，但是就是不肯講媽媽教她對爸爸說的話。爸爸也疼愛這個小女兒，不計較這些，扔一個蘋果下去，小女兒在樓下笑了起來。這個場景極富感染力，用細節寫出了濃濃的親情。這個小女孩就是鄭蘇伊，她長大後，幫助父親整理文稿，陪同他會客，成爲臧克家的得力助手。

## 五、高歌憶向陽

一九六六年，文化大革命開始了，臧克家也受到了政治風浪的衝擊。根據毛澤東一九六六年五月七日發佈的「五七指示」，一九六八年，黑龍江省革命委員會組織了大批機關幹部下放勞動，定名爲「五七幹校」。不久，《人民日報》爲此發表了通訊報導，在「編者按」裏有毛澤東的一段話：「廣大幹部下放勞動，這對幹部是一種重新學習的極好機會，除老弱病殘者外都應該這樣做。在職幹部也應分批下放勞動。」於是，「五七幹校」之風席捲全國。

臧克家安排大女兒臧小平到東北生產建設兵團插隊，自己則根據文化部的分配和中國作家協會的大部分老同志一起下放到湖北咸寧幹校。鄭曼和小女兒也跟著他來到咸寧。咸寧有人稱它爲向陽湖，從前是個荒湖，現在是片沼澤地。當時的條件非常艱苦，這些老知識份子在這片沼澤地上搭起簡陋的房子，鑿井開荒。臧克家參加農田勞動，鄭曼到窯廠燒石灰。

在重慶歌樂山時，臧克家就經常拿起鋤頭挑著水桶到自己的菜園裏勞動。建國後他一直住在城裏，很少有機會參加勞動。現在，他又呼吸到了鄉村清新的空氣，面對著淸曠開闊的田野，他感到神清氣爽，自由自在。他本來就是農村裏長大的，挖土、開地、種菜這些農活兒對他來說非常容易。他和一道來的老作家一起動手開鑿水井，親手建起了一排排紅瓦平房，熱火朝天地參加「雙搶」大忙。在向陽湖畔勞動了三年後，臧克家回到了北京，以在五七幹校的生活爲素材寫了五十多首舊體詩，輯成《憶向陽》。

臧克家在《高歌憶向陽》中表達了對這段生活的留戀：

摸黑收工歸來，小徑泥滑，彼此手挽著手；黑暗的長途上手電筒的亮光一閃一閃；六月天，遇到大雨，精神抖擻，歌聲把雨聲壓倒；雙腿浸在塘水中，拔秧競賽，每人幾行；暑熱天，口乾舌焦，一小壺水，彼此推讓不下，弄得晃蕩作聲；晚間燈下，環坐學習，神凝專注，情態肅靜；田邊小休，歌聲朗朗，天高地迥，綠水悠悠……這許許多多動人情景，回憶起來，味道甜蜜又深長。

相對於臧克家的對幹校生活的讚美懷念，同期有些下放知識份子把幹校生活看成一段屈辱痛苦的記憶。在幹校期間，知識份子要放下自己的所學專業，專心讀毛主席語錄，唱語錄歌，在林彪謀反事發後開展「批林」活動。知識份子還要用毛主席語錄和階級專政的話語爲武器，經常展開相互批判，有些人就在批判中被扣上了莫須有的罪名。所以不少人對臧克家把幹校生活寫得世外桃源一樣美好非常反感，其中以姚雪垠爲主要代表。姚雪垠是臧克家的老朋友，他們曾一同經歷過抗日戰爭的炮火。姚雪垠認爲，五七幹校是封建法西斯主義用來對革命老幹部和學有所長的知識份子進行打擊、迫害的一種形式，而臧克家的《憶向陽》詩歌卻沒有看到知識份子內心的痛苦、惶惑、憤慨等情緒，是歪曲事實粉飾歷史。

今天，那段歷史已經沈澱了，我們再來評價「五七幹校」和臧克家的《憶向陽》。應該說，姚雪垠對臧克家的批評有一定道理。在楊絳《幹校六記》和其他作家的回憶錄裏都提到了幹校生活，他們是被迫去接受思想改造參加勞動的。有些地方的「五七幹校」對知識份子在身體上精神上進行了折磨，所以他們認爲自己的人身自由思想言論自由受到了極大的限制，毫無快樂可言。而臧克家是一個毛澤東的崇拜者，他真誠地擁護毛澤東和中央的主張，積極投入幹校勞動。而且他不長於哲學思想層面上的思考，他熱愛鄉村生活，念念不忘故鄉的馬耳山，確實在幹校勞動中感受到了快樂。他全身心投入當時的勞動和各種形式的學習，很少去追問下鄉勞動和學習毛澤東語錄這背後的意義。所以他倒不是在有意在粉飾現實，而是寫他自己的真實感受。

幹校的三年勞動，還使他病弱的身體強健起來。過去他身體一直不好，有嚴重的神經衰弱症和肺病，經常失眠發燒，靠打針吃藥過日子，是文藝界有名的病號。他參加全國政協會議，不到兩個鐘頭，就支撐不住了，得趕快回家躺著。到了向陽湖後，他卻身子一沾硬板便能鼾聲大作。胃口也開了，淡飯也覺得特別香甜。心，像乾枯的土地得到了及時的雨水一樣滋潤。當時，中國作家協會一百多人每天要步行十五里路到湖裏墾荒，臧克家在裏面年紀最大，竟然還能跨著大步走在隊伍前頭，被稱爲「五七戰士」。從「五七幹校」回到北京後，他如同脫胎換骨，身體結實多了。他感謝這段雖然辛苦卻換來他身體健康的歲月，這種感激情緒自然也滲透在《憶向陽》的詩句裏。

從藝術上講，這些舊體詩寫得比較成功，樸素自然、清新明快，格調明朗健康。集中不少詩寫得清新明麗，頗有范成大田園詩的意味：

> 橫行如線豎行勻，
> 巧手爭相試腰身。
> 婀娜翠苗塘半滿，
> 斜風細雨助精神。
>
> ——《微雨插秧》①

> 大地爲床好托身，

風吹香稻醉人心。
日中小憩蓄精力，
借得茅簷一尺蔭。

——《工地午休》

還有幾句神來之筆，如「菜花引蝶入廚房」，「老牛亦解韶光貴，不待揚鞭自奮蹄」。臧克家的《憶向陽》，以舊體詩的形式表現新生活，其藝術價值值得肯定。

## 附注

① 詳見 程光煒：《踩空的踏板·反思臧克家》，雲南人民出版社二〇〇一年版，第九〇—九一頁。

# 第十章　世紀老人

## 一、深情懷故人

提起臧克家，人們首先想到他是一個詩人，其實，他在散文領域也取得了較高成就。他早期的散文主要是描寫下層社會勞動者的悲苦命運，如在臨清時期寫的《拾花女》、《哄花》、《老哥哥》、《六機匠》、《舟子》等，在抗戰期間寫了通訊報導等大量記述戰時場景的散文，在重慶和上海期間寫了《我的詩生活》、《我在「勝利號」拖輪上》等記錄個人經歷和思想發展的回憶錄式散文。建國後到七〇年代中期，他的大多數散文類似對領袖人物或工人階級勞動模範的新聞報導，藝術價值不大。七〇年代中後期以來，他的散文創作多於詩歌創作，且在成就上也超出了詩歌。個中緣由恐怕與這兩種文體的特點有關：詩歌是青年人的文體，它需要激情和憤怒；而散文是老年人的文體，它需要沈澱和思索。臧克家曾感歎道：

所以少寫詩，是因爲年老多病，不能接觸新鮮生活，靈感光顧我的時候也就少了。而我個人呢，不論氣質，情愫，志趣，卻都是屬於詩的，只是少了一點詩的要素——激情，因此，我大力抓住了散文，以抒發我的詩的情趣。

——《多寫散文少寫詩》

臧克家在過了古稀之年之後連續出了《懷人集》、《甘苦寸心知》、《青柯小朵集》等散文集，而詩歌只有詩集《落照紅》。他晚年對散文的一些看法也比較成熟可取：

散文，寫起來，比詩，比小說，好似自由一些，容易一點，但決不能把散文看成散漫漫，寫起來可以毫不費力、任意走筆！……我覺得，散文要求的條件和小說、詩歌有共同之處，那就是對生活、對人物、對事件，觀察要深刻而細緻，構思要新穎，寫起來不但要抒情味重，而且要有章法，注意集中表現，講求結構，使散文『不散』。這個『不散』，就是不鬆鬆垮垮，要精美。不論寫景色，寫人物，寫隨筆，寫書信，寫事件……都應長短適度，不蔓不枝。抒情的，能感人；寫景的，能動人；寫人物的，能見精神；評文、記事的，不乾巴，使人讀了不但得到知識，得到啓發，而且發生興趣。

——《我對散文的一些看法和作法》

他寫得最多也寫得最好的是抒情散文，大多是懷念文壇故交——郭沫若、茅盾、老舍、葉聖陶、冰心、王統照，朱自清、白壽彝、何其芳、吳伯蕭、碧野、李廣田——的散文。他在《海闊天空任翱翔——有懷碧野》中說：「一個人，上了年紀，特別容易念往事，懷故人，真是『老友，老友，心中老有』呵。」故交至友的音容笑貌，就像他屋裏的爐火，伴他寂寞，給他安慰和喜悅。在《京華練筆三十年》裏，臧克家提出寫好懷人散文回憶錄需要三個條件：「首先是與被懷念人的交誼深厚，年代久長。其次是感情濃烈，印象深刻，雖係新交，如同故舊。再就是憑表現藝術，也就是概括能力，要剪除繁瑣，突出表現人物的個性特點，精神面貌，不作抽象的述說，要憑細節的真實。」他也確實是用細小的生活瑣事打動讀者，凸顯了所寫對象的人格面貌和精神氣質。

臧克家在《老舍永在》一文中回憶了自己與老舍幾次見面的情景。老舍是他相交時間最長，最爲欽佩的朋友之一，臧克家還記得他當年的自我解嘲：「一家幾口，是要抓一個飯碗的啊。我這個『教授』，肚子裏沒有什麼貨色，兩個禮拜，頂多兩個禮拜就倒光了。現蒸了現賣。」這位坦率、平易、幽默的人民藝術家卻在文化大革命中受到迫害，含冤跳入太平湖。臧克家聽到這個不幸消息後，心如刀絞。但在「文革」中他連寫文章表示悼念的自由都沒有，現在，他「仰望碧空星光萬點，有一顆亮晶晶的，那應該是『老人星』吧？望著他，我遐思瞑想，想起了老舍——我尊敬的長者，親密的朋友。」短短幾句話傾吐了他發自內心久被壓抑的對老舍的懷念。

《擡頭看手迹，低頭思故人——追憶何其芳同志》中，臧克家寫何其芳嚴謹、直率、堅持己見的性格時，舉了同事們對何其芳的評論：「天不怕，地不怕，就怕何其芳同志打電話。」何其芳不僅工作認真，而且對待朋友非常真誠，爲他人著想。臧克家在情感上難以接受他突然逝世的消息：「直到現在，院子裏偶爾傳來聲音，仿佛其芳在喊我的名字時慣用的那種親切熟悉的聲音，我猛然覺得：其芳來了！」這一聲「其芳來了」把臧克家日夜思念老友的心情表現得淋漓盡致。

王統照是臧克家的同鄉，爲人敦厚、謙虛、誠摯，富有詩人氣質。一九五七年夏天，王統照知道自己來日無多，借開人民代表大會的機會來北京和朋友們告別，看臧克家時還給他的女兒買了一隻大皮球。

還有送客時總是九十度鞠躬的葉聖陶先生，病重之際笑著說請朋友們吃涮羊肉的郭沫若，冬天總是穿一件褪了色的綠色布大衣的吳伯蕭，在臧克家失業窮困之際雪中送炭的白壽彝……他的懷人散文把對歡樂往事的回憶和失去親人的悲哀交織在一起，對死神的詛咒和命運的無可奈何糾纏在一起，將撫摸過去歲月的傷感與豁然知天命的從容相摻雜，文筆樸實老到，感情真摯細膩，如涓涓流水。不少人喜歡讀他的這類懷人散文，因爲從中可以感受到歷史更疊、人事變幻的痕跡，瞭解到不少文人的趣事軼事，更能體會到文壇上名家之間真摯的友情。

## 二、新詩舊詩我都愛

臧克家以寫新詩登上文壇，三四〇年代是新詩的堅決擁護者。他曾認爲舊詩被新詩代替是歷史發展的必然，舊詩的形式裝不下這個時代產生出來的詩的靈魂。隨著年歲的增長，他不再像年輕時那樣偏激。五六〇年代，受毛澤東、陳毅、葉劍英等舊體詩寫作者的影響，他漸漸修正了自己的觀點，回憶起自己童年時候誦讀《自君之出矣》的情景。一九六二年，他寫了論文《新詩舊詩我都愛》，肯定了舊體詩，特別是律詩、絕句，字句有限而含蘊豐富。舊詩裏一個字、一個詞、一個典故、一個習慣用語所表達的情感，新詩可能要用幾倍的字來表達。並以「有約不來過夜半，閑敲棋子落燈花」，「隨風潛入夜，潤物細無聲」等舊體詩句爲例說明有些舊詩若改成口語就興味索然。而新詩，運用口語，生動活潑，較少受到音韻格律等的束縛，便於表達複雜的現實生活。同時，新詩由於音律自由化和口語化，也帶來了不夠精美、缺乏音樂性等缺點。這些觀點都很有見地，舊體詩《憶向陽》就是他的這些觀點在實踐上的產物。

《憶向陽》之後，他還寫了不少古體詩。他寫了《秋思寄葉老》贈給葉聖陶先生：「道德文章海內欽，一聲葉老覺溫馨。雲峰挺秀標當世，百歲期頤笑古人。」在吳伯簫逝世之際，他含淚寫下了「論交已過五十年，訪舊海濱意惘然。朋輩於今餘多少？又傾老淚到君前。」這些舊體詩與他的懷人散文一樣感情深厚，由於比較短小更顯得凝練蘊藉。

《寄陶鈍同志》也是非常出色的舊體詩：「碧野橋東陶令身，長紅小白作芳鄰，秋來不用登高去，自有黃花俯就人。」該詩描寫的是院中的景色，巧用典故，又另取新意，高潔孤傲的菊花也肯低頭俯就，既有脫俗之質又有可愛之態，可謂別出心裁。

對於新詩他仍然是喜愛的，但他一直對詩人李金髮及其象徵派作品沒有好感，所以他對七〇年代末八〇年代初在中國盛行的朦朧詩非常反感，加入了對它批判的行列，寫了《也談朦朧詩》：

我認爲今天有些朦朧詩是幾千年來中國現實主義詩歌傳統的一股逆流（逆「五四」以來的詩歌傳統），是敗壞新詩名譽，使少數人受毒害，使廣大讀者深惡痛絕的一種「流派」。我喜歡來自生活深處，思想性強，感情濃烈的詩。我喜歡富於時代精神，能夠鼓舞鬥志、振奮人心的詩。我喜歡在古典詩歌、民歌基礎上創作出來的新詩（包括學習外國優秀的東西）。我喜歡爲人民大衆喜聞樂見的、民族風味的詩。

其實，朦朧詩還是有其流派存在的意義，它的代表詩人北島、舒婷、顧城還是寫了不少既有美學價值又有思想深度的優秀作品。因爲朦朧派詩人的教育背景、生活經歷和情感表達方式都與臧克家這樣的老一輩詩人不同，所以彼此在詩歌觀上產生了分歧。這場論爭的勝負不太重要，關鍵是從中我們可見臧克家對現實主義詩風執著的堅守。他既不喜歡把詩歌當散文來寫，也不喜歡內容空洞只在形式上翻花樣的詩。他最欣賞的詩歌是言之有物、感情真摯、思想深刻，用他的兩句詩來表達就是「凌霄羽毛原無力，墜地金石自有聲」。

## 三、白髮童心

臧克家老了，可他的心態還很年輕。一九七四年，也就是虛歲七十之際，他寫下了《詠懷》：

自沐朝暉意蓊蘢，
休憑白髮便呼翁。
狂來欲碎玻璃鏡，
還我青春火樣紅。

一個樂觀豁達、壯心不已的老者形象躍然紙上，我們彷彿可以聽到他爽朗豪放的聲音，健旺矍鑠的神采。

他初登文壇時，看到的是時代的黑暗，青年時代就患上了神經抑鬱症，在其作品中很難看到他有任情快意、狂放無羈的時候。現在他年逾古稀，反而變得無所拘牽、熱情如火。生活環境的變化肯定是一個重要原因，他原來所痛恨的外族欺侮、同室操戈的時代已經一去不復返了，他所深切同情的下層勞動者現在也基本過上了溫飽生活。他對生命本身看法的變化也是一個不可忽視的原因：經歷了抗日戰爭的炮火，特務的追捕，文革的衝擊，還有多種疾病的困擾，他這個總是敏感於自身安全的老病號活到了今天，而與他同輩的朋友大多已經「斯人遠矣」。也許該來的總要來，他索性拋開從前的拘禁謹慎，坦然地享受生活。「勝景貪看隨日好，餘年不計去時多」，「攀登猶自腳力健，只計前程不計年」，他自己的這些詩句使他保持良好的心態和健康的身體。他的身體比起同輩人還硬朗，他逢人便宣傳他的健康秘訣——思想大門洞開，情緒輕鬆愉快，鍛煉、營養、藥物、健康恢復快哉！

他愛孩子，和孩子們玩耍成爲他晚年的最大樂趣。他住的趙子堂胡同裏的孩子都成了他的朋友，孩子們親熱地叫他「臧爺爺」，他的袋子裏也總是帶著糖塊，隨時準備分一塊給他們。遇到孩子們叫「爺爺」而他忘了帶糖塊時，他很不好意思地向孩子們道歉。

臧克家愛有益於人或無害於人的小動物，如蜻蜓、麻雀、螞蟻、蟋蟀、蝴蝶等等，他關愛這些弱小的生命，關注它們的生存境遇。四〇年代在重慶歌樂山時他就把燕子當鄰居，寫了詩《鄰居——給梁上燕》：

歡迎，你，
來我這堂屋裏安家，
在這苦難的歲月裏，
我們一樣是做客在天涯。

聽說，你頂會選擇人家，
我高興你來和我作近鄰，
這座房子可以避風雨，
我們都有一顆無害於人的心。

我給你在東牆上釘一個竹窩，

泥土情深——臧克家

一早，我忙著去給你開門，
晚上，我留著門等候你，
像等候一個遲歸的親人。

爲什麼，飛來飛去
總是孤單的一個？
我怕看見你的影子，
也怕聽到你的歌。

暴風雨快要來的時候，
我手把住門站在屋檐下，
東邊望了西邊望，
覺得心焦又覺得害怕！

今天，你說我有多麼快樂！

當我看到你不再是一個；
我的心永遠不得安寧，
如果有一個人不能幸福的生活。

他把燕子看成和自己同病相憐的鄰居，因爲他們都做客天涯，都有一顆無害於人的心。他努力爲它搭一個可避風雨的窩，同情它的孤單，爲它找到夥伴而高興。

現在，臧克家終於告別了那段做客天涯的日子，安然地享受天倫之樂，他還是沒有忘記那些弱小可愛的小生命。他看到蟻群相鬥屍骸狼藉覺得很難過，便用細草撥開它們，把食物的碎屑灑在黑壓壓的蟻陣上面，希望給它們排憂解難。他看到小工蜂受不住太陽的暴曬暈倒在地上，便用一根小樹枝把它引渡到花間的陰涼濕地上去。他愛麻雀更是出了名，每天早上，他院子的丁香枝上和葡萄架上停著許多麻雀。每頓飯後，他總要留一些飯粒或是饅頭，定時定點地灑在院中某塊地上，還親自打來一盆清水放在一旁。無論多忙，他都把這件事當作一件大事。每到「開飯時間」，麻雀們就成群飛到院子裏急切地叫著，像嗷嗷待哺的嬰兒。臧克家身體不好住院時，總要詢問子女：「麻雀幫我餵了嗎？」

這種憐護弱小、關愛衆生的博愛意識使臧克家的人格精神得到了提升。他愛護小動物，更關心年輕人的成長，對他們提出的要求幾乎有求必應。他爲他們的作品寫序、題字、寫評論文章，不顧自己的身體。有一次，一個小學生拿著自己的文章來向他求教，他很認真地看了提出意見，還推薦到雜誌社，這個小學生的文章發表了，他比自己的作品發表了還要高興。他還把《臧克家散文小說集》和《臧克家長詩選》兩書的稿費一萬元捐贈給中國兒童少年活動中心，並在西南師範大學新詩研究所設立「臧克家獎學金」。

## 結語

八九〇年代，臧克家獲得了不少榮譽，被聘爲中國作家協會顧問、中國詩詞協會顧問，二〇〇〇年獲「夏新杯·中國詩人獎——終身成就獎」。榮譽也給他添了不少瑣事，每天都要接待一批批客人，不外乎是前來敍舊的老朋友、文壇後輩的拜望、編輯的約稿等。臧克家總是盡其所能給予客人們以熱情地招待。

二〇〇二年九月十三日，臺灣著名作家陳映真來拜訪臧克家。臧克家已近百歲高齡，身體比較虛弱，經常在病床上會見來客。他聽說陳映真的到來，還是換上中山裝在家人的攙扶下到客廳與遠道而來的客人見面。陳映真在大學時代就聽聞臧老的詩名，一九九七年三月，他在臺灣籌備紀念二·二八事變五十周年文藝晚會時，有朋友找到了臧克家一九四三年三月八日寫的《表現——有感於臺灣二·二八事變》：

五十年的黑夜，
一旦明了天，
五十年的屈辱，
一顆熱淚把它洗乾。
祖國，你成了一伸手
就可以觸到的母體，
不再是只許壓在深心裏的
一點溫暖。

五百天，
五百天的日子
還沒有過完，
祖國，祖國呀，

你強迫我們把對你的愛，
換上武器和紅血
來表現。

這首詩是現存的已公開的唯一對臺灣二．二八事變表示同情和聲援的文學作品，具有深刻的現實意義和長遠的歷史意義。當時，陳映真讀到此詩熱淚盈眶，深深感到大陸知識份子對臺灣人民的關心和支援。臧克家對陳映真不住地說：「兩岸的同胞，應該團結起來……國家應該統一起來」。陳映真把臧克家的抱病正裝會見看成是他對祖國統一的渴盼。

今天，臧克家的詩歌受到越來越多的研究者的注意。大陸的劉增人、馮光廉、吳奔星、孫晨等學者對臧克家的作品作了較細緻的整理和研究。香港著名作家李輝英編著的《中國現代文學史》和司馬長風編著的《中國新文學史》都對臧克家的作品作了介紹。李輝英在著作中提到了臧克家詩歌的中國氣息和注重韻律的特點。而司馬長風則以一個專門的章節全面論述「農民詩人臧克家」，高度評價了他的《泥土的歌》，認為他是用「農民的情味，甚至農民的口氣去寫農民」，「真正把農民的土味泥息塗到詩句上去」。

臧克家把他的青春和理想獻給了詩歌，他中年時（一九四二年）說：

我拼命的寫詩，追詩，我的生命就是詩。我真像東坡眼中的孟郊一樣，成了天地間的一個「詩囚」了。推開了人生的庸俗，把一個理想投得很遠，拒絕了世俗的快樂，（其實就是無聊殘忍的口腹耳目之欲）我寧願吃苦，看破世事人情我才更覺得事業是唯一「不空」的東西，它是一支精神的火炬，雖在千百年後也可以發熱發光。一切皆朽，惟真理同事業永存。詩，就是我以生命全力去傾注的唯一事業。

——《我的詩生活》

他全身心投入詩歌的這份至誠讓人感動，詩歌與他相伴一生。一九七九年他這樣說：

學詩五十六年來，長長短短寫下的詩，論行數，豈止三萬；論篇數，何止一千。自己覺得，能經得住時間考驗，能爲別人所記憶、自己認爲尚可一談的，至多也不過二十首左右。

——《談自己的詩〈罪惡的黑手〉》

臧克家晚年對自己詩歌評價的嚴謹令人景仰，相信歷史和後來的讀者會讓他在二十世紀的中國詩壇佔有一個合理的位置。謹讓我們祝願這位經歷了世紀滄桑的詩人健康祺泰！

# 參考書目

1. 臧克家文集 山東文藝出版社 一九八五年版
2. 臧克家散文小說集 長江文藝出版社 一九八四年版
3. 臧克家抒情散文選 湖南文藝出版社 一九八八年版
4. 臧克家 人民文學出版社 一九九四年版
5. 鄉土情深 山東大學出版社 一九八五年版
6. 青柯小朵集 花城出版社 一九八四年社
7. 中國當代文學研究資料·臧克家專集 瀋陽師範學院中文系 一九七九年版
8. 世紀詩星——臧克家傳 山東大學出版社 二〇〇〇年版